中国当代
科学家的
—故事—

U0781944

从一张白纸
到繁星满天

主编 杨计明

SPM
南方传媒

广东科技出版社
全国优秀出版社

·广州·

图书在版编目（CIP）数据

从一张白纸到繁星满天 / 杨计明主编. -- 广州：广东科技出版社，2024.9（2025.4重印）. --（中国当代科学家的故事）. ISBN 978-7-5359-8380-0

Ⅰ. K826.1-49

中国国家版本馆CIP数据核字第2024UB6622号

从一张白纸到繁星满天
Cong Yi Zhang Baizhi Dao Fanxing Mantian

出 版 人：严奉强
项目策划：王 蕾
项目统筹：招海萍 区燕宜 严 旻
责任编辑：严 旻 彭逸伦
封面设计：俞孝军
装帧设计：友间文化
责任校对：邵凌霞
责任印制：彭海波
出版发行：广东科技出版社
　　　　　（广州市环市东路水荫路11号 邮政编码：510075）
销售热线：020-37607413
https://www.gdstp.com.cn
E-mail：gdkjbw@nfcb.com.cn
经　　销：广东新华发行集团股份有限公司
印　　刷：广州市东盛彩印有限公司
　　　　　（广州市增城区上邵工业区工业二路1号 邮政编码：510700）
规　　格：889 mm×1 194 mm 1/32 印张5.5 字数110千
版　　次：2024年9月第1版
　　　　　2025年4月第2次印刷
定　　价：29.80元

"中国当代科学家的故事"丛书

编委会

主　　编：杨计明

本册主编：童海云

编写人员：（按编写顺序排序）

　　　　　杨计明　姜玉晗

　　　　　王思雨　陈丹骅

序 言

在浩瀚的宇宙中，人类探索的脚步从未停歇。从古至今，无数科学家以其卓越的智慧和不懈的努力，推动着人类社会的进步和发展。科学家是知识的创造者和传播者，是时代的先锋、国家的脊梁。

国家最高科学技术奖是中国科学技术界的最高荣誉，主要授予在当代科学技术前沿取得重大突破或者在科学技术发展中有卓越建树，在科学技术创新、科学技术成果转化和高技术产业化中创造巨大经济效益或者社会效益的科学技术工作者。本套丛书主要介绍了从2000年起历届国家最高科学技术奖获奖者的科学发现及科学贡献，他们有的在实验室里默默耕耘，有的在太空探索中勇往直前，有的在手术台上挽救生命，有的在信息技术领域创新突破……他们的故事，是关于梦想、挑战、坚持和成就的故事。

"中国当代科学家的故事"丛书专为青少年读者精心编撰，是一套弘扬科学精神和科学家精神，树立优秀榜样，培养青少年热爱科学、勇于探索、坚持真理、无私奉献的精神，提高青少年科学素养的科普读物，希望通过讲述中国当代科学家们的故事，激发年青一代对科学、技术、工程和数学（STEM）领域探索研究的热情和兴趣，传递昂扬向上的生命力量。

丛书按获奖者获奖年份分为5册，每册讲述7名科学家的成就和故事。

让我们一起翻开本书，走进科学家的世界，感受他们对真理的追求、对科学的热爱、对未知的探索，学习他们高尚的精神，感受他们的人格魅力。希望本套丛书能够成为青少年科学探索路上的一盏明灯，点燃梦想的火种，照亮前行的道路。

中国科学院院士

2024年8月

孙家栋

谷超豪

王振义

师昌绪

吴良镛

谢家麟

王小谟

目　录

孙家栋

从一张白纸到繁星满天

科学家简介

孙家栋（1929年— ）

"中国卫星之父""北斗之父"

中国航天"大总师"

中国科学院院士

2009年度国家最高科学技术奖获得者

"两弹一星功勋奖章"获得者

共和国奖章获得者

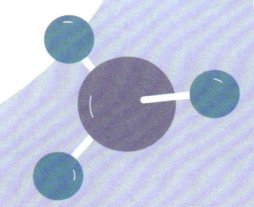

🧪 科学发现

知识拓展

卫星在人类工作和生活中的贡献

同学们，你们知道吗？地球的周围环绕着许许多多的人造卫星，它们按照各自固定的轨道，围绕着地球运动。

这些看似不起眼的卫星，在实际生活中可是大有作为！司机师傅在开车的时候，需要导航卫星帮助定位、规划路线、指引方向；遥感卫星就像地球的"小卫士"，它能在太空随时随地拍摄地球上的海洋、沙漠和森林，以及监测环境的变化；为了让天气预报更加准确，气象卫星可是立下了汗马功劳。这些不同种类的卫星，就像人们发送到天上的"千里眼""顺风耳"，在各个领域为人类的工作和生活作出了巨大贡献。

卫星的作用这么大，但是卫星应用发展的历史却只有短短几十年。1957年10月4日，苏联发射了世界上第一颗人造卫星。我国在1970年4月24日发射了第一颗卫星"东方红一号"，实现了中国人几千年的飞天梦。

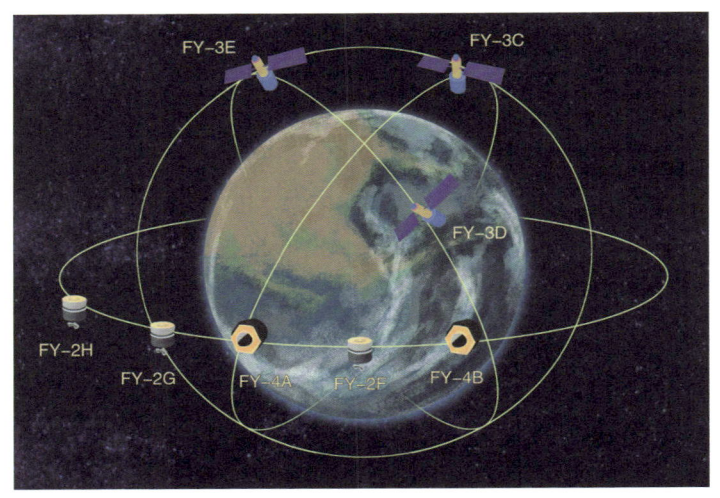

风云气象卫星在轨卫星示意图

　　虽然我国卫星应用发展起步时间相对较晚，但其进步速度却令人瞩目。如今，我国已是世界航天领域的强国之一，发射的卫星总数跃居世界第二位，来自中国的"星光"已经洒遍全世界。

　　这个丰功伟绩不是凭空而来，在它背后，是无数中国航天人夜以继日的辛勤工作，默默奉献。整个中国航天发展历程中，涌现出了无数惊天动地的故事。今天，

就让我们讲讲孙家栋的故事，了解一下中国航天事业的光辉征程。

孙家栋投身航天事业

小时候就活泼好动的孙家栋，对身边的事物总是充满了好奇。成绩优异的他13岁时就被哈尔滨第一高等学校土木系（相当于普通中学）录取。1948年，孙家栋考入哈尔滨工业大学预科班。在校期间，他努力学习并精通俄语，为日后去苏联留学打下了坚实的语言基础。

孙家栋因品学兼优被选送入伍，随后成为解放军空军第四航空学校的学生。1951年，孙家栋入选中国第一批留苏空军学员，他与另外29名军人一起前往苏联茹柯夫斯基空军工程学院学习。这所大名鼎鼎的学院对学业非常重视，在校门口显眼处专门设立了光荣榜。位于榜单最顶端的学生，将被授予一枚由纯金制成的"斯大林奖章"，以表彰他们的优秀成绩。孙家栋凭借着刻苦钻研的精神，在1958年便以全优的成绩将这枚"斯大林奖章"收入囊中，他的照片也被挂在茹柯夫斯基空军工程学院状元榜的最上层。这样的殊荣在中国留学生中屈指可数。

同年，孙家栋学成回国，便迸发出在航天领域的突出才华，他一头扎进了东风系列导弹研制工作中，这一干就是整整9年。"那时候导弹才研发到中程，仅2 000千米的射程，而我们的目标是要搞洲际弹道导弹。"由此可见孙家栋的雄心壮志。

洲际弹道导弹

洲际弹道导弹通常指射程大于8 000千米的远程弹道导弹。洲际弹道导弹的射程更长、速度更快、命中精度更高、打击能力更强，是一个国家战略核力量的重要组成部分。

1967年，我国决定组建中国空间技术研究院，著名航天科学家钱学森出任院长。钱学森作为中国航天事业的先驱者和领导者，他的战略眼光和卓越领导力对中国航天技术的发展起到了决定性作用。在钱学森的亲自推荐和任命下，孙家栋被委以重任，担任中国首颗人造地球卫星"东方红一号"的技术总负责人。

"东方红一号"人造地球卫星的成功发射

1957年，苏联发射了人类历史上的第一颗人造卫星"斯普特尼克1号"，这一创举开启了太空探索的新

时代。紧接着在1958年，美国也成功将"探险者1号"人造地球卫星送入太空，这一成就标志着美国在太空竞赛中迈出了重要的一步。自此，中国也开始关注太空探索，希望有朝一日能够制造出自己的卫星。但当时，中国对卫星的了解非常有限，能够说清卫星原理的人寥寥无几；对于如何设计和制造人造卫星，国内也缺乏相关经验；更不用说如何将卫星成功送入太空了。因为制造一颗卫星，确实是一项极其复杂的工程！

众所周知，当物体被抛出时，地球会对该物体施加引力，导致物体始终受到向地球中心的加速度，从而改变它的运动状态。如果物体的速度达到了地球表面的第一宇宙速度，它将沿椭圆轨道绕地球运动，成为一颗

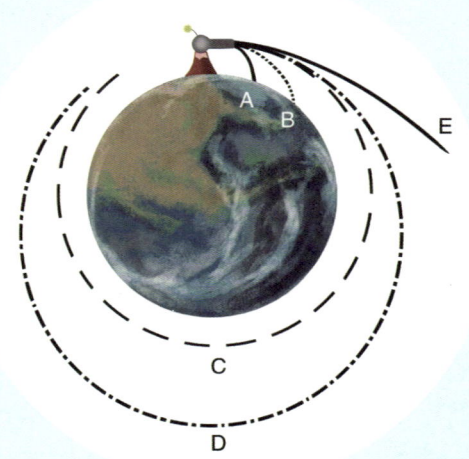

人造卫星绕地球
运动示意图

人造卫星。在这种情况下，物体不会落回地面，因为它切向速度与地球引力提供的向心加速度达到了平衡，使其能够维持稳定的轨道运动。然而，如果物体在低空运动，空气阻力会使其逐渐失去速度，最终坠落到地面上。这些现象可以通过牛顿运动定律和万有引力定律来解释。

牛顿第一定律

牛顿第一定律，是指一切物体总保持匀速直线运动状态或静止状态，除非作用在它上面的力迫使它改变这种状态。物体这种保持原来匀速直线运动状态或静止状态的性质叫作惯性。牛顿第一定律也被叫作惯性定律。

你一定会问：现实生活中，要什么样的"大力士"才能把卫星"抛"出去呢？这位"大力士"就是火箭。简单地说，只有靠巨型多级火箭的强大推力，才能把卫星送上太空。

那多级火箭是怎么工作的呢？原来，多级火箭系统采用逐级推进的策略，每级火箭都是一个独立的推进单元，它们依次工作，共同完成将有效载荷送入太空的任务。这种设计类似于接力赛跑，每一级火箭都像接力赛中的一名"运动员"，将其速度和高度传递给下一级。多级火箭的推进过程分以下几个阶段：

启动阶段：火箭发射时，第一级火箭发动机点火，产生强大的推力，使整个火箭迅速升空。

逐级分离：当第一级火箭的燃料耗尽后，它会自动分离，丢弃整个第一级火箭，以减轻后续飞行的负担。

继续推进：随后，第二级火箭发动机点火，推动火箭以更快的速度向更高的高度前进。

重量减轻：随着每一级火箭的分离，火箭自身的重量逐渐减轻，剩余的火箭部分能够以更快的速度飞行。

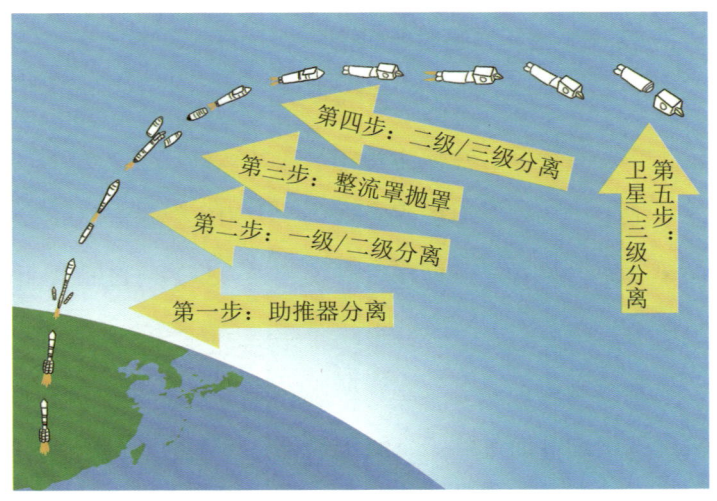

火箭分离顺序

卫星入轨：当所有级别的火箭发动机依次完成工作后，火箭在最终阶段将携带的卫星或航天器送入预定的轨道。

采用这种分阶段推进的方法，火箭能够更有效地利用每一级的推力，逐步克服地球的引力，最终将有效载荷送入太空。每一级火箭的分离都像是在减轻火箭的"背包"，使其能够更轻松地到达目标轨道。

同学们，看到这里，你肯定会想：单是把卫星这样上百千克的"铁家伙"送上天，就已经困难重重了，更不要说卫星升空后的运行与回收工作。作为空间技术研究院的卫星总体设计负责人，孙家栋可没有被这些困难吓倒，他理清思路，有计划、有步骤、有组织地带领各个学科的专家们，凝聚所有力量，共同研制中国卫星。

研制卫星的首要任务，是组建一支实力过硬的骨干队伍。孙家栋向钱学森提出，从其他研究院抽调精干人员充实卫星设计队伍。为了选到最合适的人才，孙家栋足足花了两个月时间，跑了几十家单位，经过实地考察和精心挑选，最终选出了18名专业背景强、技术过硬的专家。他们团结奋斗，为中国航天事业竭尽全力。由于贡献突出，这18人后来还被亲切地称为"航天十八勇士"。

在组建人才队伍的同时,孙家栋也在刻苦钻研卫星知识。由于当时中国经济不发达,卫星领域方面的知识储备也相对匮乏,孙家栋只能通过文献自学相关知识。在学习理论知识的同时,孙家栋也开始验证理论的正确性。他一上任就建造了一个试验罐,在里面模拟真空、高温和低温的太空环境,以便检测卫星在太空中的承受能力。

经过大量的复杂计算、精心设计和密切协商,孙家栋提出,为确保卫星顺利发射,就要对方案进行简化,同时做到"上得去、抓得住、看得见、听得到"。这十二字方针是如何实现的呢?下面我们就以"东方红一号"卫星为例进行说明。它是我国于1970年4月24日在酒泉卫星发射中心成功发射的第一颗人造地球卫星。

"上得去"是为了保证"东方红一号"卫星能够进入预定轨道,为此,中国在长征一号火箭的第三级上试制并安装了新研制的固体火箭。这种固体火箭从研制启动到发射成功仅用了3年时间。

"抓得住"是指卫星发射后的跟踪与测量。在进行轨道测量时,主要采用无线电观测,并以光学观测作为辅助手段。光学观测较为直观,就像通过望远镜直接观测卫星。而无线电观测则复杂得多,需要借助单脉冲雷达、比相干涉仪和多普勒测速仪等专门设备。

单脉冲雷达

可以把它想象成一个"超级手电筒"，它能发出特别快的光束。你用手电筒照向远处的卫星，卫星反射回来的光束会告诉我们它所在的位置。这种"超级手电筒"不仅价格昂贵，而且体积庞大。

比相干涉仪

它就像一把超级精确的"尺子"。它通过比较两束光束相遇时的波纹来测量卫星的位置。它测得的数据非常精确，同样这个"尺子"价格也十分昂贵。它需要放在一个清洁、无尘、通风良好的位置，并且远离直射阳光和大型热源。

多普勒测速仪

它就像一个特殊的"听诊器"，可以"听到"卫星移动时发出的"声音"（实际上是光波频率的变化）。通过听这个"声音"，我们可以计算出卫星移动的速度。

　　当我们想观察卫星时，我们可以选择不同的工具。如果我们需要非常精确的信息，我们可能会选择功能强大但价格昂贵的"手电筒"或"尺子"——单脉冲雷达与比相干涉仪。如果对精度的要求不高，我们可能会选择"听诊器"——多普勒测速仪。每种工具都有它自身的优点和使用技巧。科学家们经过严谨细致的计算，最终制定了一个既能够满足测量精度的要求，又能够有效控制成本的测轨方案。

　　"看得见"，指的是地球上的观测人群能够用肉眼直接看到卫星。"东方红一号"卫星直径仅约1米，这对于从地面上用肉眼观察来说可能有点小。为了让这颗卫星在太空中飞行时能够被地球上的人们看到，科学家们采用了一种巧妙的设计。他们将卫星设计成了一个由72个小面组成的球体，使其看起来就像是有许多小镜子拼接而成。这样巧妙的设计能够让卫星最大限度地反射光线，产生闪光的效果，从而提升其在地面上的可见性。当卫星旋转起来，由于从不同的角度反射光线，它就会产生一闪一闪的效果，这样就比较容易被人们肉眼观测到。但由于卫星体积小，实际亮度只有6等星左右，在天气不佳时难以观测。为了突破这个难题，设计人员又在第三级火箭上加装了"观测裙"，可以使末级

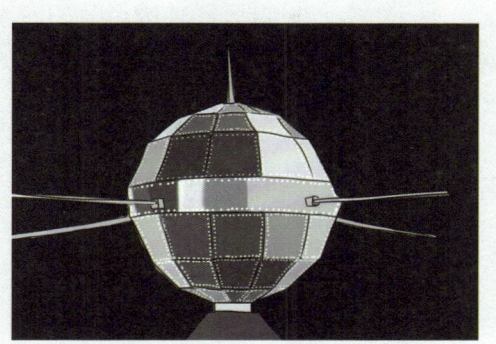

"东方红一号"卫星

火箭的亮度提高，更便于人们观测。

"听得到"，指的是科学家研发了一套前所未有的声音接收与转播系统，使中国和全世界都能通过普通的收音机收听中国第一颗卫星发送的《东方红》音乐。这套系统通过卫星播放，由大型地面站接收信号，再通过广播电台进行转播。

1970年4月24日21时35分终于来临了！

随着一声"点火"口令的发出，大地随之震动，发射场上蓄势待发的火箭瞬间启动，喷着橘红色的火焰，脱离巨大的发射架，冉冉向上升起，几十米长的火焰绚丽无比。

火箭越飞越快，穿过云层间的缝隙，飞向星光闪烁的夜空。发射场上顿时一片沸腾，而指挥部在收到各方测控台传来的"飞行正常"报告后，神情凝重的专家们终于露出了笑容，欢呼起来。

孙家栋的眼眶不由得湿润了。他带领中国航天人，筚路蓝缕，苦心研制出的第一颗卫星，终于发射成功了！世界的每个角落，都能收到"东方红一号"卫星传回的《东方红》乐曲，发射人造卫星终于不再只是个梦想！

地球静止轨道通信卫星发射成功

"东方红一号"卫星发射成功后，留下了4颗备份卫星。早在1968年"东方红一号"卫星研制期间，孙家栋就提出一个大胆的设想——第一颗人造卫星发射成功后，多余的备份星能否改装成第二颗卫星。毕竟，为第一颗卫星设计的仪器和部件中，有一部分是通用的，另一部分经过检验后也可以保留，从而节省重复试验的成本和时间。

孙家栋将使用的这颗备份星定位为科学探测卫星，期待它能在太空中进行空间探测，帮助人类更好地认识自然界，还能给人造卫星和其他航天器的研制带来很大帮助，对我国来说意义深远。但要进行科学探测的话，首先要求卫星具有较长的使用寿命。卫星寿命长的关键在于拥有长寿命的供电系统。因此，孙家栋将长寿命电源供应系统试验列为第二颗卫星研制的主要任务。第二个"拦路虎"就是在试验中发现舱内温度偏低。这时长期温控系统已经全部完成，要进行整改太难了。孙家栋灵机一动，何不在卫星上加装两个"金耳朵"？黄金具有吸收热量多、挥发热量少的特性。这两个"金耳朵"能在卫星外部吸收太阳热量，将其传递至仪器舱内，从而提升舱内温度。这种用自然属性解决难题的做法，在全世界属于首例。

如果说"东方红一号"卫星圆了亿万中国人的航天梦，那么它的"弟弟妹妹"们也不甘示弱，纷纷带着自己的任务飞上了天。通信卫星"东方红二号"的主要任务是传输电视信号和光波信号。这可是我国第一颗地球静止轨道（the geostationary orbit，GEO）同步卫星。顾名思义，地球静止轨道同步卫星的公转周期和地球自转周期同步，因此卫星会始终固定在地球的上空的某一点。在GEO上，理论上只需要分布3颗卫星，就可以实现对地球除两极以外区域的全面覆盖。

地球静止轨道

地球静止轨道是指卫星或人造卫星垂直于地球赤道上方的正圆形地球同步轨道。

 **小故事**

孙家栋临危不惧，"拯救"卫星

1984年4月8日，"东方红二号"试验卫星被送到西昌卫星发射中心，由长征三号火箭负责发射。两天后（4月10日）"东方红二号"试验卫星进入准同步轨道。

"东方红二号"试验卫星发射的第三天，卫星监控中心发现，安装在卫星上的电池温度已经逼近最大值60℃，"东方红二号"卫星"发烧"了！

如果此时卫星电池温度继续"高烧"下去，轻者会把系统"烧"出毛病，重者将把卫星彻底"烧"坏，甚至会引起爆炸！这个问题让现场专家急得直冒冷汗。大家一致判断：卫星发热是因卫星太阳能电池阵功率过剩引起的。如果温度继续升高，刚刚发射成功的卫星就要报废了。孙家栋沉思了几分钟，下达指令："立即调整倾斜角度5°"。

但调整之后，电池的温度依旧在上升。沉闷

的控制大厅里，空气仿佛凝固了，每个人都死死盯着屏幕。此时，卫星的姿态角已经调到极限，如果再调下去，地球就可能接收不到卫星的信号，甚至可能会失去对卫星的控制。一颗失去控制的卫星，是没办法实现通信功能的。

在这个慌乱又紧急的时刻，孙家栋让自己冷静下来。他明显感觉到，经过角度调整，蓄电池升温速度已经没那么快了，如果角度再往下调，升温可能会停止。孙家栋问身边的控制系统专家："红外地平仪试验时，视角宽度是否留有余量？25°是不是极限？"

专家回答说："有的仪器会留下少许余量，也就27°多，有的仪器没有，就只有25°。"孙家栋心中燃起希望，既然有的仪器有余量，不妨大胆尝试一下，就当卫星上的那个仪器是有余量的，他决定放手一搏。

孙家栋决定绝地求生，他要求技术人员"角度立即再下调5°"。大厅里的人都惊呆了，这也太冒险了，而且一下子调5°，已经超出了角度余量。

事实证明孙家栋的科研直觉是正确的。随着"再下调5°"的特殊指令发往太空，片刻后，天上的卫星乖乖地"躺"倒了。

继而，遥控系统再次发出指令，又将卫星竖了起来。如此反复调整，卫星在天上时而"卧倒"、时而"站起"，时而"站起"、时而"卧倒"，一连翻了七八个跟头，最后确定在一种姿态上，成功避开了太阳的直射，温度也开始下降。

孙家栋继续组织团队开会讨论，发现卫星的天线是朝南的，而发动机则朝北，这个时候卫星跟太阳形成的角度会让天线吸热减少，而发动机的吸热会增加。

孙家栋和专家最终解决了难题：如果把卫星发动机姿态向北调整，卫星壳体就会在太阳照射下温度升高。这样一来，太阳能电池的发电量就会跟着减少，蓄电池的温度也就降了下来。

1984年4月16日18时28分，在孙家栋和专家的一起努力下，卫星准确地定点在东经125°的赤道上空的静止轨道上，中国终于拥有了第一颗通信卫星。

1984年4月17日，孙家栋正式下令启动卫星通信试验。经过一个多小时的电视传输试验后，转播的画面、色彩、伴音效果都超过预想；多路数字电话的通信试验也传来捷报，隔着7万多千米的距离，通信双方没有受到一点儿噪声干扰，话筒里的声音听起来就像彼此在耳边说话。

看着顺利进行的一切，孙家栋彻底松了一口气。中国航天人几千个日夜的付出，在这一刻迎来了真正的收获。在这个过程中，孙家栋和广大航天专家展现了过硬的技术水平和超强的心理素质。孙家栋临危不惧，敢于担当，在危急时刻"拯救"了通信卫星。中国由此成为世界上第五个能够发射地球静止轨道通信卫星的国家。

北斗卫星导航系统的研发

同学们，除了上面讲到的人造卫星，你一定还听过我国大名鼎鼎的北斗卫星导航系统。提起这个系统，不得不又说到孙家栋，他担任了北斗卫星导航系统第一代和第二代工程总设计师，推动了我国北斗卫星导航系统

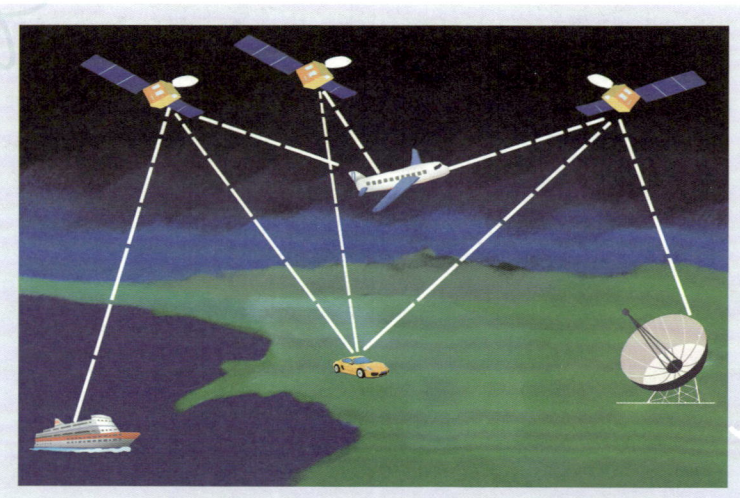

卫星导航系统协同工作

的组网和应用。

孙家栋说过，人造卫星就像一个超级助手，能帮助人们完成3件事：信息获取、信息传递、信息定位。其中，信息定位指的是空间定位和时间定位，也就是能清楚地知道，某个时刻你所在的准确位置。

这种信息定位功能，就是卫星导航的核心。卫星之所以能为我们导航，是因为有一个卫星导航系统在协同工作。这个系统由导航卫星、地面控制中心和接收机3部分组成。其中，导航卫星在天空中给我们传递信息；地面控制中心负责信息中转；接收机就是用来接收卫星信号的设备，它可能是导航仪，也可能是我们的手机，或者其他能够接收卫星信号的设备。

1994年12月，孙家栋正式出任北斗导航试验卫星工程的总设计师，开始启动系统的研制和建设工作。

2004年，孙家栋又继续担任北斗第二代导航卫星工程总设计师。

2007年4月我国正式发射第一颗北斗二号卫星，在此后短短的6年里，我国以世界罕见的速度，把预设的16颗北斗卫星都成功送入太空。2012年，随着我国"北斗二号"第16颗导航应用卫星的发射成功，我国的北斗卫星导航系统亚太组网成功。这16颗卫星组成一个区域网络，显著提升了我国在国际导航领域的竞争力，更好地服务我国乃至世界各国人民，推动了社会的巨大进步。北斗卫星导航系统的建设，也让我国在一系列关键技术上取得了突破性进展，如一箭双星发射、多星组网、高精度星载原子钟等。

自20世纪90年代启动研制以来，北斗系统经历了3个阶段的发展：从北斗一号系统到北斗二号系统，再到北斗三号系统。在这个过程中，北斗系统实现了从有源到无源、从区域到全球的重大跨越。其服务定位精度、系统稳定性和功能全面性不断提升，已经成为国家

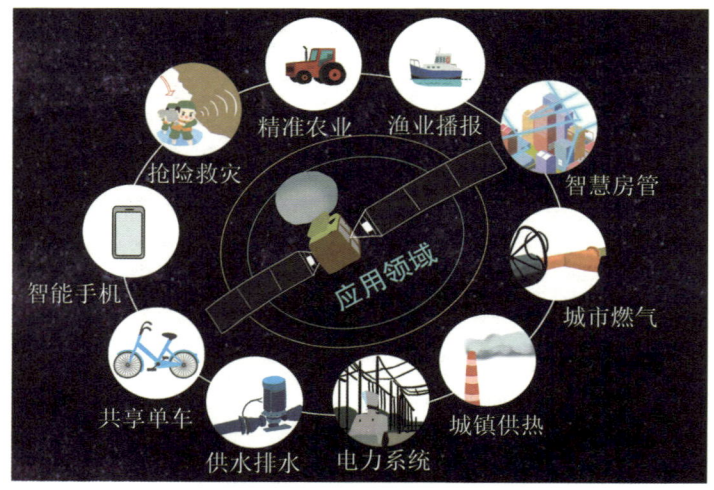

北斗卫星导航系统的应用领域

重要的空间基础设施，为国家安全和经济社会发展提供了全面支撑。北斗三号系统组网后，其定位精度达到了2.5～5米，单颗卫星的寿命为10～12年，服务范围可覆盖全球。北斗系统与美国的全球定位系统、俄罗斯的格洛纳斯卫星导航系统、欧洲的伽利略导航系统并称为四大卫星导航系统，为全球用户提供高质量的导航定位服务。

嫦娥探月工程的圆满成功

2004年1月，中国启动了绕月探测一期工程——"嫦娥工程"，古稀之年的孙家栋再次担任总设计师。

　　"嫦娥工程"分"绕、落、回"三步走。2007年10月24日，"嫦娥一号"卫星的成功发射标志着中国人探索月球的开端。当"嫦娥一号"卫星完成环绕月球的任务时，航天飞行指挥控制中心欢呼声响彻一片，航天工作者共同见证了这一历史性时刻。此时，孙家栋却面向无人的角落，转身拭泪。这一场景或许代表了孙家栋内心深处的复杂情感：既有对团队努力取得成功的欣慰和激动，也有对曾经的付出和挑战的回忆，还有对未知探

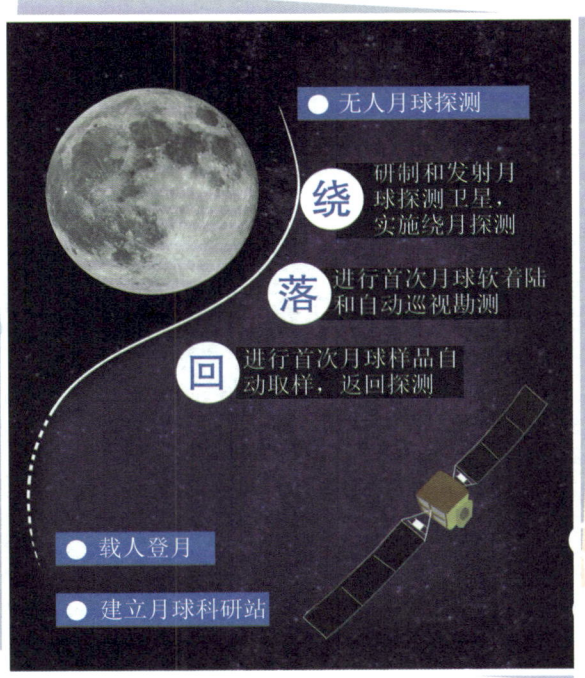

"嫦娥工程"的
"绕、落、回"

索的担忧和期待。

2010年，"嫦娥二号"卫星成功发射，验证了我国的深空探测能力。2013年，"嫦娥三号"探测器成功发射，实现了我国航天器首次在地外天体的软着陆。2019年1月3日，"嫦娥四号"探测器首次登陆月球背面，这是人类首次揭开月球背面的神秘面纱。1月11日，在"鹊桥号"中继卫星支持下，"嫦娥四号"着陆器与"玉兔二号"巡视器顺利完成互拍，标志着"嫦娥四号"任务圆满成功。

孙家栋说："过去几十年间，中国实现了航天事业的飞跃，梦想逐一变成了现实。看到如今航天人才辈出，我感到很欣慰。即使我们这一代人实现不了登月

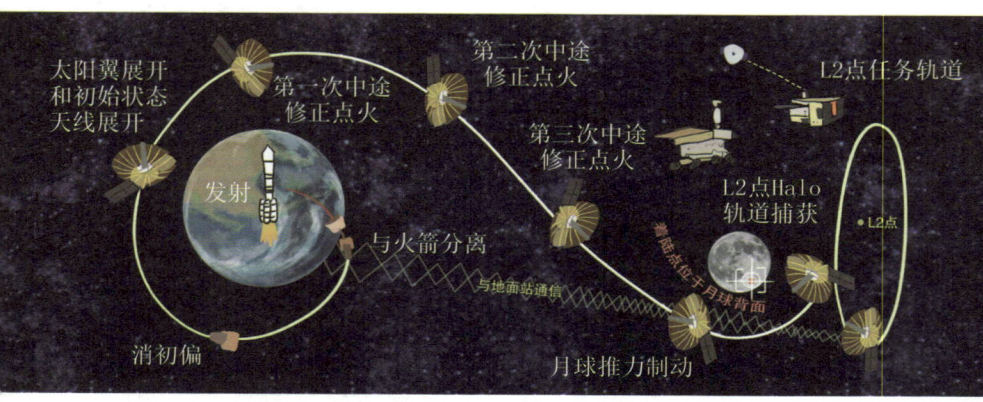

"鹊桥"之旅

的梦想，我相信通过下一代人的努力，中国人一定能圆梦。"

孙家栋为新中国成立70余年来取得的成就感到骄傲，也为中国航天事业的进步而自豪。孙家栋提出，中国必须向深空探测进发："只有我们去了，才能在国际上拥有发言权。如果将来其他国家走得很远了，你的事情还没办到，就会发现在这个领域里我们已经没有发言权了。""中国航天的下一个发展目标，应该是有能力到达太阳系的任何角落。"

一路走来，只为一句"国家需要"，从导弹到卫星，从"北斗"到"嫦娥"，哪里需要，孙家栋院士的身影就出现在哪里。孙家栋院士亲身经历了中国航天的全过程，他不仅是见证者和参与者，更是领导者。他不断攀登航天科技的一座又一座高峰，从一张白纸到繁星满天，他在广袤的太空中挽缰奔驰，使得每一颗"中国星"，都闪烁着光芒。

科学贡献

孙家栋是中国"两弹一星"功勋科学家。

孙家栋为祖国的航天事业奉献了60多年的岁月，

中国第一颗人造地球卫星、第一颗科学试验卫星、第一颗返回式遥感卫星,他是技术负责人、总设计师;中国第一颗通信卫星、静止轨道气象卫星、资源探测卫星、"北斗"一号工程、中国探月一期工程,他都是工程总指挥。在我国自主研制发射的前100个航天飞行器中,34个都由他担任技术负责人、工程总设计师,是当之无愧的"中国卫星之父"。

孙家栋还是我国深空探测技术的开创者之一。他在中国突破卫星基本技术、卫星返回技术、卫星进入地球静止轨道和定点技术方面作出了重大贡献。他曾担任中国3个第二代应用卫星航天工程的总设计师,为中国第二代应用卫星研制和应用作出了重大贡献。他担任中国卫星导航工程总设计师,为中国突破卫星组网技术以及

让青少年成为科技
强国的主力军

孙家栋
2020.8.14

孙家栋题字

卫星导航系统的建设和发展作出了重大贡献。他担任月球探测（一期）工程总设计师，为中国突破深空探测基本技术以及首次月球探测的成功作出了重大贡献。

2010年，孙家栋荣获2009年度国家最高科学技术奖。

2017年，孙家栋院士当选"感动中国2016年度人物"，颁奖词这样写道："少年勤学，青年担纲，你是国家的栋梁。导弹，卫星，嫦娥，北斗，满天星斗璀璨，写下你的传奇。年过古稀未伏枥，犹向苍穹寄深情。"这就是他一生造"星"的真实写照。

谷超豪

"神思求百通"的数学战略家

科学家简介

谷超豪（1926－2012年）

中国著名数学家、教育家

中国科学院院士

2009年度国家最高科学技术奖获得者

编号171448的小行星被命名为"谷超豪星"

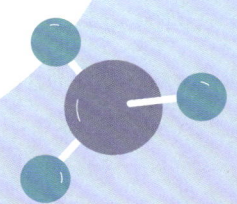

科学发现

数学家考特曾经说过："数学是人类智慧皇冠上的明珠。"同学们，提到数学，你们第一时间想到的是枯燥的公式，还是复杂的图形？其实，数学就像魔法一样，可以帮助我们解决很多问题！

数学可以帮我们计算数量，比如算数题；数学可以帮助我们理解世界上发生的事情，比如通过数学模型预测未来的天气；数学还可以帮助我们发明新东西，比如手机和电脑都是借助数学知识设计出来的。总之，数学不仅在学校学习中很重要，还在我们生活的各个方面发挥着作用，帮助我们更好地理解世界，解决问题，创造新事物。

现在你是不是觉得数学变得有意思起来了呢？正如享誉世界的数学大师谷超豪说的那样，"人言数无味，我道味无穷"。谷超豪在微分几何、偏微分方程和数学物理三个领域都作出了卓越贡献，确实罕见且令人钦佩。因为这不仅需要他具备深厚的数学基础和广泛的知识面，还需要他拥有出色的创新能力和解决问题的能力。

同学们，你们一定很好奇，微分几何、偏微分方程这些深奥的数学专业词汇到底是什么意思呢？咱们可以打个比方。谷超豪在数学方面的成就解决了很多难题，就像你玩数学游戏时解出了一个又一个谜题。他的工作不仅帮助我们更好地理解数学，还在科学和技术领域发挥了重要作用，就像为我们提供了一把解决问题的神奇钥匙，帮助我们打开科学和技术的大门。

知识拓展

微分几何、偏微分方程与数学物理

微分几何学研究各种各样的线条、曲线和形状，有些线条是直的，有些是弯曲的，还有一些线条会形成复杂的曲线，就像在画画一样。微分几何可以帮助我们理解这些线条和形状的性质。比如，它可以告诉我们一条曲线在某个点的弯曲程度，就像人在一条山路上走，有时候路会弯弯曲曲，有时候路是笔直的，微分几何就可以告诉我们这种弯曲程度。

另外，微分几何还可以告诉我们这些线条和形状之间的关系，比如它们是如何相交、如何旋转、如何拉伸等。微分几何就好像在玩拼图一样，它可以帮助我们把这些线条和形状拼成一个完整的图案，让我们更好地理解它们之间的联系。

那偏微分方程又是什么呢？偏微分方程其实就是一种数学工具，可以帮助我们理解许多现象。就像同学们玩的拼图游戏，我们要不断地把一块块图案拼在一起，最后才能得到一张完整的图片。

偏微分方程可以帮助我们理解事物是如何变化的。你可以想象成一张画着很多线条和图案的神奇的纸，纸上每个线条和图案都代表着一些东西，比如温度、光的强度或液体的流动方向。偏微分方程就像一种规则，告诉我们这些线条和图案是如何随着时间或者空间位置变化的，比如，如果我们想知道水波怎么变化，就可以用偏微分方程来描述；如果我们想知道热量是怎么在一个房间里传播的，也可以用偏微分方程来解释。

数学物理是什么呢？它像一门有魔法的学

科，能够将数学和物理这两个强大的领域结合在一起。数学是用数字和符号来解决问题的学科，物理则是研究自然界规律和现象的学科。数学物理就是用数学的方法来帮助我们理解物理世界中发生的事情。数学物理的研究内容非常广泛，包括运动、能量、力学、电磁学等领域。通过数学物理，我们可以用简单的数学公式和方程式来解释和预测复杂的物理现象，就像使用魔法书里的咒语，帮助我们更好地理解和探索世界，并揭示自然界的规律。

同学们，聪明的你们一定能够想象得出来，微分几何和偏微分方程这两个领域是多么深奥，你们也一定能想象得出来，谷超豪为取得杰出成绩所付出的艰辛。接下来，让我们一起走近这位了不起的数学大师吧。

青少年要立志做大事

谷超豪从很小的时候就展现出了对知识的渴望和学习的天赋。他在5岁时就开始接受启蒙教育，展现出对

学习的浓厚兴趣。随后，他进入瓯江小学就读，迈出了教育之路的第一步。

在课堂上，谷超豪思想活跃，喜欢独立思考，各科成绩都很优异。三年级时，他的老师张竹钦先生在课堂上讲授"循环小数和分数互化"，课上提到了循环小数，1/3可以写成0.333333……。这个无限的概念让谷超豪着迷，他第一次认识到了数学的神奇，在自己的脑海中为数学描绘了一幅美丽的图画。

到了高年级，算术课不再是简单的计算，还包括许多应用题，如"鸡兔同笼""童子分桃"等。老师教同学们公式，然后让大家套用公式解题。这种学习方式很机械，每个题目都要动一番脑筋才能列出公式来，步骤繁琐。谷超豪回家后，看到哥哥谷超英的书橱里有代数课本，便随手翻阅，发现这些问题都可以列成代数方程式来求解。他如获至宝，用代数方法完成了当天老师布置的算术应用题，这让他感受到了数学的简洁与高效。谷超豪后来在数学领域的成就，正是得益于他善于思考的好习惯。

1943年，谷超豪进入浙江大学龙泉分校数学系就读。他在学习数学、微分几何和数学物理等课程时展现出了出色的才能和较强的学习能力。值得一提的是，谷超豪通过学习微积分逐步克服了学习上的一些小毛病，展现了持之以恒的学习态度和解决问题的毅力。他对射影几何方面著作的阅读更展示了他对数学的深刻理解和极高的抽象思维能力。谷超豪通过自学一本采用综合方法写作的射影几何学著作，并凭借自己的方法，清晰地描述出了二次曲线的基本性质。这些学习经历为谷超豪后来的研究打下了扎实的数学基础，也为他成为一位杰出的数学家奠定了坚实基础。

谷超豪广泛涉猎物理学课程，他不仅修读了理论力学等必修课程，还主动选择了《量子力学》《相对论》和《理论物理》等高级课程。这为他后来在数学领域的研究打下了坚实基础，并为他日后的数学物理领域的突破提供了重要支持。这种跨学科的学习和探索精神为他成为一位综合型的数学家和物理学家奠定了良好基础。

啃下学术硬骨头

谷超豪早期的研究工作主要在微分几何领域。微分几何学是数学的一个分支，它研究了空间中的曲线、曲面以及它们的性质。1950年，在著名数学家苏步青教授的悉心指导下，谷超豪完成了他的论文。这篇关于微分几何学的论文《隐函数方程式表示下的K展空间理论》很快发表在《中国科学》杂志上，使他在高手云集的国际数学界崭露头角。

此后，他又投身于仿射联络空间和芬斯拉空间研究。

知识拓展

仿射联络空间

仿射联络空间是微分几何学中的一个重要概念，它涉及曲线和曲面的研究。同学们可以想象一下，你正在玩一个巨大的迷宫游戏。你想知道自己在迷宫里的位置和朝向，这时候就需要用到仿射联络空间这个概念。

首先，我们知道迷宫里有许多小格子，就像一个个方块。身处迷宫里，你可以向前、向后、向左、向右移动，这就是仿射联络空间告诉我们的。它告诉我们在每个方块之间如何移动，以及如何确定你所处的位置和方向。所以，仿射联络空间就像一张给我们指路的地图，告诉我们在迷宫里如何移动和确定位置，帮助我们更好地探索迷宫的奥秘。

芬斯拉空间

　　和仿射联络空间一样，芬斯拉空间是微分几何学中的另一个重要概念，它涉及曲率的研究。想象一下，你正在玩一个有许多小球的游戏。这些小球可以在空中自由移动，就像在"舞蹈"一样。芬斯拉空间研究就是研究这些小球在"舞蹈"时是如何变化的。

　　在这个研究中，我们想知道这些小球的"舞蹈"是如何受到空间影响的。有时候，空间可能会扭曲，就像在橡皮筋上拉扯，而有时候空间可能会很平坦，就像在桌子上"舞蹈"。芬斯拉空间研究就是帮助我们理解这些空间变化对"舞蹈"的影响。它告诉我们如何描述和测量空间的扭曲程度，以及这种扭曲会如何影响小球的"舞蹈"。总之，芬斯拉空间研究是研究在小球不同类型空间中"舞蹈"表现，帮助我们更好地理解空间的奥秘。

谷超豪在这两个领域的研究取得了突破性进展，并发表了论文《论变换拟群的若干通性及其在微分几何中的应用》。当时的数学家普遍认为，谷超豪的研究在这一领域有着深远的意义。

1956年，年仅30岁的谷超豪已经成为古典微分几何学派的中流砥柱。他参与了国家第一个十二年科学规划纲要的制订。他发现我们国家在数学领域不够强大，例如计算数学、概率论和偏微分方程等。敏锐的学术洞察力使他意识到偏微分方程的重要性，因为偏微积分方程在解决实际问题中具有重要应用，例如飞机飞行中的流体力学问题。因此他除了完成规定的课程外，还有意识地学习偏微分方程，并选修了一些与高速飞行器密切相关的流体力学课程。

流体力学

流体力学是研究流体（比如水、空气）运动的科学。在流体力学中，偏微分方程是一种重要的数学工具，用于描述流体在空间和时间上的变化，这一工具在航空航天、气象学和海洋学等领域具有广泛应用。

　　1957年，谷超豪被派到莫斯科大学进修。莫斯科大学不仅开设许多高水平的专门课程，还常常和其他国家的数学家进行研讨交流。在这样浓厚的学术氛围熏陶下，谷超豪汲取了大量知识，并积累了自己的成果。1959年7月，他顺利通过答辩，破例跳过副博士阶段，直接被授予物理-数学科学博士学位。

　　谷超豪时刻惦念着祖国的科技发展，毅然决然地放弃了苏联良好的研究环境，选择回到祖国母亲的怀抱。回国后，谷超豪展现出了卓越的教学和研究能力。在1960至1965年的短短五年间，他在混合型偏微分方程领域取得了重要的突破。同学们，如果你们认为谷超豪的成就仅仅停留在抽象的理论层面，那就大错特错了！谷超豪的理论具有重要的实践意义，尤其是在国防领域。例如"两弹一星"工程，这可是当时国家的重点攻关项目。而飞行器在高速飞行时产生的一些问题一直困扰着航空航天领域的科学家们，迟迟无法得到解决。为了啃下这些"学术硬骨头"，谷超豪在复旦大学数学系成立了研究小组，专门研究流体力学中的偏微分方程问题。小组的成立为数学系的研究工作注入了新活力，也为谷超豪在学术界的影响力奠定了更加牢固的基础。

经过一段时间研究，小组成员攻坚克难，并取得了突破性进展，这对飞行器的设计和性能提升非常关键。可以肯定地说，谷超豪的工作起到了先驱性的作用，使中国在飞行器方面的研究领先了其他国家15年。

谷超豪在数学和物理学领域作出的重要贡献

1974年，复旦大学迎来了一位重量级客人，他就是诺贝尔物理学奖获得者杨振宁。在报告会上，他提到了研究中存在的一些极为复杂的数学问题。谷超豪等数学系、物理系的青年教师在现场作出了积极响应，这让杨振宁对复旦的数学家们青睐有加，决定和复旦大学进行深入的交流合作。

当时，杨振宁提出了一个"洛伦兹规范"的存在性问题，这个问题长期困扰着学术界。而谷超豪与胡和生在短时间内解决了这一难题。几天后，他们发表了2项研究成果，这些成果比国际上的相关工作提前了许多，为中国的学术界赢得了国际声誉。他们将这些研究成果进行整理出版，命名为《经典规范场理论》。这本书被世界著名的《物理学报告》刊登，并且在英文全文之前附上了中文摘要。这是谷超豪第一次在外国科学期刊上看到自己祖国的文字，他感到无比自豪。通过学术研究，谷超豪还发现了一个叫作"波映照"的难题。这是什么意思呢？当你朝平静的湖面上扔出一颗小石头，水面就会产生一圈圈的涟漪。现在，假设有两个人同时扔出了两颗小石头，它们产生的涟漪就会相遇和交错。当两个波相遇时，它们同样会像涟漪一样互相影响。研究波映照就是想弄清楚，当一个波遇到另一个波时，各自会发生什么样的变化，它们会怎样相互影响。

知识拓展

洛伦兹规范

想象一下，当你正在画一幅很大的画，但是你手上只有一支铅笔，而想画的东西却很多，这时候你就得想办法控制好铅笔的位置和速度，这样才能画出你想要的图案。洛伦兹规范就是帮助我们在画图时更好地控制铅笔的工具，它能帮助人们更好地控制场的行为，使得物理世界的规律更加清晰和美好。

谷超豪从物理学中提出了这个问题，随后进行了深入的研究。他的研究成果引起了国际数学界的广泛关注。因为这项研究有助于我们更好地理解波的行为，对物理学的发展有着深远的意义。

谷超豪在数学和物理学领域作出了许多重要贡献。他发表了100多篇学术论文，并在世界各地的学术会议上进行了许多重要的演讲。他还担任过一些重要国际会议的组织委员会主席，并编写了重要的学术著作。

他的研究项目《齐性空间微分几何学》在1978年获得了全国科学大会的嘉奖，《规范场的数学结构》更是受到了国家自然科学奖的认可。1980年，他被选为中国科学院学部委员，成为科学界的重要成员之一。

1986年和1987年，他带领的两个研究项目《调和映照与规范场》和《混合型偏微分方程及其应用》又分别获得了国家教育委员会（简称教委）科学技术进步奖一等奖。这些奖项证明了他在数学和物理学领域的杰出贡献和卓越成就。

选择做教师，就是选择了责任和贡献

"人言数无味，我道味无穷。良师多启发，珍本富精蕴。解题岂一法，寻思求百通。幸得桑梓教，终生为动容。"谷超豪亲笔写下的这首诗，抒发了自己对数学的深厚热爱，也体现了他对教书育人的深刻理解。复旦大学师生对这位大师给予了极高的评价，赞誉"他是科学家，是科技功臣，他更是教育家，是教育功臣"。他从钱宝琮老师那里学到了一条很重要的教诲："当学生提问时，注意不要说这个问题很简单，这样会让学生对自己失去信心。"谷超豪以此为准则，60多年来一直致力于教学，培养了大批优秀学生。他的众多学生中，有9位先后当选为中国科学院院士或中国工程院院士。这些学生在各自的领域内都取得了显著的成就，成为学术界的佼佼者。谷先生对学生的谆谆教诲产生了深远影响，他的弟子们铭记于心，并继承和发扬了他的学术精神和科研态度。他们为中国乃至世界的数学研究都作出了重要贡献。

当时，有个学生非常擅长用数学方法来解决天气的问题，还专门写了一篇关于天气的论文。作为导师的谷超豪觉得他写得很好，但还是让这个学生去物理研究所进行了为期半年的学习。谷超豪为什么要这么做呢？因为他觉得，作为一个好学生，不仅要会写论文，还要真正懂得天气是怎么一回事。他希望自己的学生能够学到更多专业的气象知识，这样就能解决更多与天气相关的实际问题。同时，一个好的老师应该鼓励学生去探索新的东西，让他们对学习保持兴趣，这样他们就能变得越来越有创造力。有了创造力，他们就能想出很多新点子，解决很多难题。果然，这个学生最后没有辜负恩师的期待，经过刻苦钻研，取得了骄人的成绩。他就是我国著名的中国科学院院士穆穆。

这种对学生的关怀和教育方式，使谷超豪成为了一位备受学生尊敬和爱戴的老师，也使他的学生们在学术上取得了杰出的成就。

他的另一位院士弟子洪家兴回忆："作为谷先生的学生，我的论文题目的确定和具体做法都是谷先生一手指导的，但他从未在论文上署名。"谷超豪和学生们一起做研究时，有一个很重要的原则，那就是只有当他完成了大量实质性的工作，且这些工作占了整个研究一半以上的比例时，他才会把自己的名字写在研究结果上。谷超豪先生之所以这样，是因为他发自内心地关心、尊重和爱护自己的学生，尊重他们的劳动成果。

细数谷超豪发表的130余篇论文，近八成都是他自己独立发表的。谷超豪的弟子谢纳庆还清楚地记得，谷超豪总是亲力亲为地认真修改学生的论文，但从不署

谷超豪星

名。正如谷超豪在一次会议上讲过的那样："选择做教师，就是选择了责任和奉献。"

同学们，当你仰望群星璀璨的夜空，请铭记一颗编号为171448的小行星。2009年8月，它被正式授予了一个新的名字——"谷超豪星"。人们选择用这样的方式来纪念这位伟大的数学家和教育家。虽然谷超豪先生已经离开了我们，但他的精神永存我们心中。每当夜幕降临，我们仰望星空，看到这颗星星的时候，就会想起他那慈祥的面容和深邃的目光。他就像这颗星星，永远照亮着我们前行的道路，提醒我们要不断学习、不断进步、不断探索未知、不断超越自我。

科学贡献

谷超豪在核心数学的三大前沿领域——微分几何、偏微分方程和数学物理方面作出了杰出贡献。一生发表数学论文130余篇，其中独立发表的数量达到100篇。曾获得国家自然科学奖2项和何梁何利基金科学与技术进步奖。

1978年，谷超豪的论文《规范场的数学结构》获得全国科学大会的嘉奖。

1979年，谷超豪赴欧美等多个国家和地区进行学术交流，进一步扩大了其学术影响力，显著提升了我国数学界的国际地位。

1980年，谷超豪当选为中国科学院学部委员（院士）。

1982年，谷超豪的2项研究成果分别获得国家自然科学奖二等奖和三等奖。

1986年和1987年，谷超豪的成果连续两年荣获国家教委科学技术进步奖一等奖。

2002年，国际数学家大会把谷超豪列为培育中国现代数学之树的极少数数学家之一。

2010年，谷超豪荣获2009年度国家最高科学技术奖。

王振义

"化毒为药"的血癌克星

科学家简介

王振义（1924年— ）

中国著名内科血液学专家

"癌症诱导分化之父"

中国工程院院士

2010年度国家最高科学技术奖获得者

编号43259的小行星被命名为"王振义星"

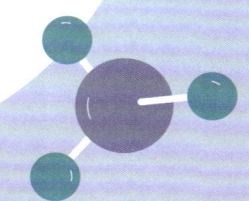

科学发现

王振义从小立志报效国家

幼年时期，王振义父亲非常重视子女的教育。王振义的父亲常教导他："国家强盛，社会发展，一定要依靠掌握先进知识的人。"掌握技术，报效祖国——那颗从幼时就种下的种子在他心中生根发芽。1942年，王振义以优异的成绩从震旦附中毕业，免试进入震旦大学医学院。在大学期间，王振义秉持着对知识的刻苦钻研，许多疑难问题迎刃而解。在外科临床学习时，他因撰写一本名为《急诊诊断学》的原文参考书而获得学校的额外奖励。

1948年，王振义以第一名的成绩从震旦大学医学院毕业，获得医学博士学位，随后进入广慈医院工作。从此"余于病患，当细心诊治，不因贫富而歧视，要尽瘁科学，随其进化而深造，以造福人类"，这句震旦大学医学院的毕业誓词便伴随王振义一生，成为他恪守一生的信条。

坚守使命，探索白血病治疗的新思路

癌症，是当今世界的一大难题，令人闻之色变。白血病是癌症的一种。作为医生，王振义与白血病抗争了20多年。他目睹过患者的痛苦呻吟，目睹过患者与家人生离死别的场景。他深知攻克白血病的困难以及现有疗法存在的弊端。尽管白血病的治疗道路充满了挑战，但他始终坚守着医生的使命，积极探索治疗白血病的新思路和新途径，寻求更有效、更具针对性的治疗方法。

知识拓展

白血病

白血病是癌症的一种，由骨髓或造血系统异常而导致白细胞恶性增生的血液疾病。我们知道，正常的血液由血浆和3种血细胞（红细胞、白细胞和血小板）组成。红细胞的主要功能是运输氧气和二氧化碳；白细胞是身体的守护者，它们帮助我们抵抗病菌、保护我们的身体；血小板的主要功能是凝血和止血。而在白血病患者身体内，因为异常的白细胞无法正常发育和成熟，它们会快速增殖并取代其他正常的血细胞。这就导致正常血液功能受损，包括红细胞、血小板和其他免疫细胞的减少。

科学家发现，癌症起源于人体组织中异常增长的恶性肿瘤。在正常情况下，人体的细胞会按照一定的规律进行生长、分裂和死亡。然而，当某些细胞发生突变或遭受损伤时，它们的生长速度会失去控制，导致异常地分裂和增殖。这些不正常的细胞会逐渐形成肿块。这些肿块可能出现在某些组织或器官中，但当时它们未发展成真正的癌症。当肿块中的异常细胞继续病变并持续

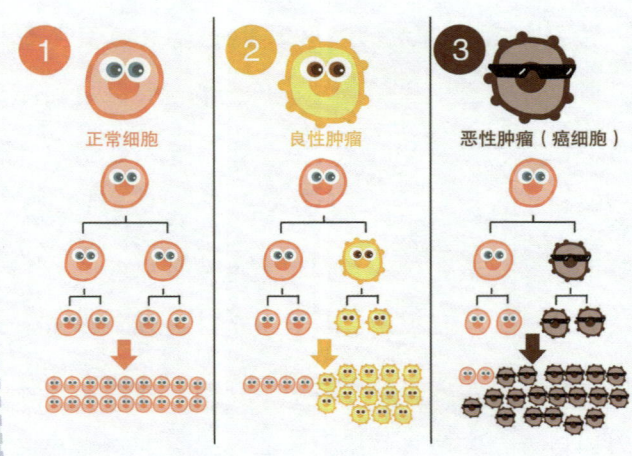

肿瘤或癌细胞生成示意图

积累，就会形成恶性肿瘤。恶性肿瘤就是我们指的癌症。这种恶性肿瘤会侵害它周围的组织和器官，并通过血液或淋巴系统扩散到身体其他部位。而扩散到身体其他地方的恶性细胞会形成新的肿瘤，在这种情况下癌症难以控制。同时，引发癌症的原因有很多，比如基因突变、暴露在不良的环境里、不健康的生活习惯（如抽烟、喝酒）和感染等。

根据异常白细胞增生的速度，白血病可分为急性白血病和慢性白血病。根据增生白细胞的类型，又可以将白血病分为淋巴细胞白血病（由淋巴细胞引发）和髓系白血病（由骨髓细胞引

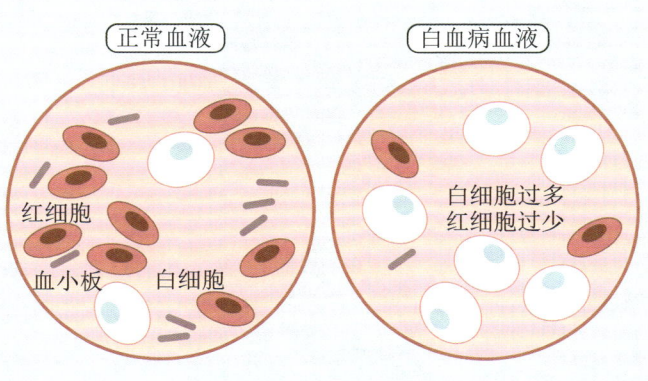

正常血液与白血病血液的组成

发）。在儿童中比较常见的是急性淋巴性白血病。不同类型的白血病会产生不同的症状。通常来说，白血病患者会持续感到疲劳，身体较虚弱，容易有出血或出现淤血的情况，并且反复发热，容易感染，同时会出现不明原因的体重减轻，以及关节和骨头的疼痛等症状。

四种主要的白血病

细胞类型	急性	慢性
淋巴细胞白血病	急性淋巴细胞白血病	慢性淋巴细胞白血病
髓系白血病	急性髓系白血病	慢性髓系白血病

白血病最早、最常规的疗法是支持疗法。支持疗法的重点是通过输血、抗生素治疗等方式来减轻症状。除此之外，支持疗法还包括营养支持、心理支持和疼痛管理等。这些支持疗法虽然不能直接治愈白血病，但在早期治疗阶段起到了重要的辅助作用，如帮助患者缓解症状、提高生活质量，也为后续治疗奠定了基础。

后来的放射疗法被广泛应用于白血病的治疗。放射疗法是通过高能射线（如X射线）照射患者的身体，来杀死异常的白细胞。但这种方法也存在一些缺点和副作用。高能射线在杀死异常白细胞的同时，也会损伤健康细胞，导致患者造血功能受损，引发贫血、易出血和感染。在放疗过程中，患者可能出现疲劳、恶心、呕吐和食欲减退等症状。放射治疗会对口腔黏膜和消化道产生不良反应，导致患者出现口干、口疮、食管炎和腹泻等症状。此外，放射治疗会对患者皮肤产生刺激，引起皮肤的红肿、瘙痒和脱皮等反应。对于患者来说，这些方法伴随的阴影将持续弥漫在患者治疗后的时光里，让人不禁对治疗代价默默思量。

开创白血病和肿瘤的诱导分化疗法

20世纪40年代科学家们不断研究和改进化学治疗方法，希望开发出更多可以抑制癌细胞生长和扩散的药物。然而，当时在医学上能够治疗白血病的西药非常有限。

王振义不断地查阅手中的医学外文杂志和资料，

希望通过了解国际医学界的研究进展，从中获得治疗白血病的启示。偶然的机会，他在一篇国外文献中发现了一条重要信息：以色列的一位科学家在小鼠实验中展示了一种令人振奋的现象——在特定条件下，白血病血液中的细胞能够发生逆转，并分化、成长为正常细胞，这就是"诱导分化"。这一发现为他提供了新的思路和灵感，让他看到了希望。王振义认为，或许可以将"诱导分化"的理念应用到人类白血病的治疗中，为白血病患者带来新的希望和康复的可能性。

知识拓展

诱导分化

什么是诱导分化呢？你可以把它想象成一种细胞的"变身术"！细胞的诱导分化是一种令人惊奇的生物学过程，它可以将一个细胞转变成另一种特定类型的细胞。我们的身体里有许多不同类型的细胞，如皮肤细胞、血液细胞、肌肉细胞等。它们具有不同的功能和特征，共同构成了我们的身体组织和器官。但是，细胞并不是一开始就是特定类型的。在发育过程中，我们的身体会通过诱导分化的方式，将未分化的干细胞转变成各种成熟的特定类型细胞。

诱导分化需要一些特殊物质充当信号，来引导细胞朝着特定的方向发展。在特定的环境条件下，细胞就会在信号的指导下开始发生变化。这个过程就像是给细胞发送一条"指令"，告诉它们如何发展为所需的细胞类型。通过诱导分化，我们能够研究细胞发育的奥秘，并将其应用于医学领域。例如，科学家可以利用诱导分化制造特定类型的细胞，运用于组织工程、再生医学和疾病治疗等领域。

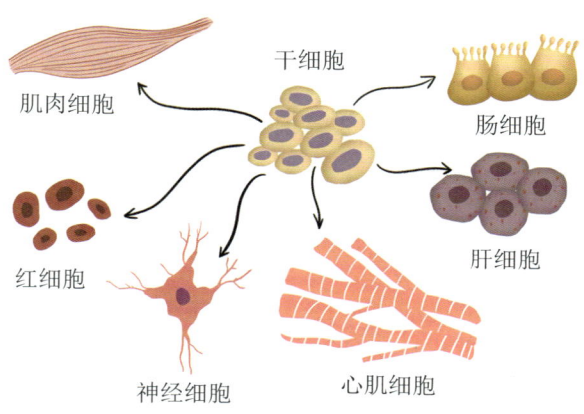

细胞诱导分化

医治白血病的诱导分化思路是利用某种药物作为诱导剂，使癌细胞停止生长和扩散，引导它朝着正常细胞的方向发展，从而转变为正常细胞。王振义用类比的方式来解释这种治疗方法：癌细胞就像在家庭中被家长惯坏的"孩子"，打骂并不能真正解决问题，反而可能导致"孩子"变得更加叛逆，不利于"孩子"身心的健康发展。

急性早幼粒细胞白血病治疗新策略

1979年起，王振义专注于研究急性早幼粒细胞白血病的细胞诱导分化。

急性早幼粒细胞白血病

急性早幼粒细胞白血病是一种髓系白血病，其特征是大量异常增长的早幼粒细胞聚集在骨髓中。骨髓作为我们身体的"血液工厂"，负责生产血液里的各种细胞。早幼粒细胞就是骨髓中的一员，它们是粒细胞的早期成员。正常情况下，早幼粒细胞会逐渐长大、成熟，变成我们的"超级英雄"——中性粒细胞。中性粒细胞可以帮助我们抵抗和预防细胞感染，保护我们的身体不受病菌的侵害。但有时候，早幼粒细胞的成长会受到阻碍，它们无法转变为正常的中性粒细胞。这时候，早幼粒细胞会异常增多，导致急性早幼粒细胞白血病。

王振义与血液科医生进行了深入讨论，并决定将"诱导分化"确定为他们在白血病研究和治疗方面的主要方向。

在确定了研究方向之后，找到一种可以用作诱导分化的药物是关键。王振义团队的第一个目标就是筛选诱导分化剂——能够诱导白血病细胞向正常细胞转化的物质。王振义与他的研究团队，立即开始在血液病研究室进行筛选诱导分化剂的研究。

虽然实验环境十分艰苦，但王振义并没有向现实妥协，也没有屈服于困难。相反，他展现出了镇定、坚毅和果敢的可贵品质。每当王振义回想起那些被白血病夺走健康、痛苦挣扎在生死边缘的患者时，他心中常会涌起一种责任感与使命感。对他而言，研究工作不仅仅是科学上的探索，更是一场与白血病魔的殊死搏斗，在与死神争夺时间。这样的意识使他更加坚定地投入到研究中，他明白自己的努力和奋斗可以为白血病患者带来新

的希望和治疗机会。王振义凭借着强大的决心和惊人的毅力以身作则，鼓舞着团队中的每一个人，坚定了大家并肩作战、攻克难题的决心。

1980年，王振义和孙关林有幸参加了西班牙医生格索瓦尔的学术报告会。在报告会上，格索瓦尔医生分享了医学上成功的临床经验。他利用一种名为硫杂脯氨酸的诱导分化剂成功将肿瘤细胞逆转，将其运用于治疗头颈部实体瘤并且取得了良好的临床效果。令人欣喜的是，这种药物本身的毒性并不大。受到报告启发的王振义决定将这种药物引入到白血病肿瘤细胞分化的研究中。他希望通过利用这种药物的特性，促使白血病细胞发生逆转，并转变为正常细胞。在实验中，他发现硫杂脯氨酸虽然可以改变白血病细胞的一些生物学行为，但不能完全将白血病细胞逆转成正常细胞。

功夫不负有心人。王振义通过对文献的深入研究，发现了一项来自美国的重要报告。他们进行了一项关于人类髓系白血病细胞的研究，在实验中使用了一种名为"13-顺维甲酸"的物质，并发现这种物质能够将白血病细胞向正常细胞逆转。王振义决定用这种药物试一试，但新的问题又出现了：香港有13-顺维甲酸，但内地却没有。即使进口该药物，其昂贵的费用也成了一大困扰。王振义没有动摇对维甲酸进行实验研究的信心。他决定另辟蹊径，但他坚信"维甲酸被证明可以转化急性早幼粒细胞白血病细胞"是重要的研究前提。

在20世纪80年代初，国内的医药公司已经成功合成了一种叫作"反式维甲酸"的药物。这种药物在临床上主要用于治疗皮肤病，但是毒性比另一种叫作"顺式维甲酸"的药物要强很多，因此临床使用的剂量非常小。

为了进一步研究维甲酸类药物对白血病细胞的诱导分化，王振义带领学生用国内合成的反式维甲酸进行了一系列的体外实验。这些实验结果证明，全反式维甲酸可以将早幼粒细胞株HL-60和急性早幼粒细胞白血病细胞诱导分化为正常细胞，而且效果远远优于顺式维甲酸。在1979—1986年间，王振义带领团队反复实验，又经过了8年探索，最终确定结论：全反式维甲酸可以将恶性早幼粒白血病细胞诱导分化为良性细胞。

在确定研究结论后，王振义在等待一个契机——一个将反式维甲酸治疗白血病推向临床的机会。但王振义和同事们也知道，这将面临很大的阻力。首先，人们对这种药物的疗效还不清楚，需要更多的研究和验证。其次，由于白血病本身就是一种危险的疾病，而全反式维甲酸的副作用相对较大，医生在应用这种药物时也面临着较高的风险。

"我有勇气，我尊重科学"，这是王振义面对阻力时常说的话。王振义首次将全反式维甲酸给骨髓异常增长的患者使用，验证了全反式维甲酸诱导细胞分化的作用。在王振义的带领下，首批接受全反式维甲酸治疗的24名急性早幼粒细胞白血病患者中，23人达到了完全缓解（另1例患者在加用化疗后也获得缓解）。这一惊人的完全缓解率高达90％以上，且治疗过程中没有出现血液凝血的并发症，患者的骨髓功能也未受到抑制。

王振义的决心和勇气得到了充分证实，这一突破性的成果彻底颠覆了过去人们对于急性早幼粒细胞白血病的认识。王振义带领团队在临床实践中展现了无尽的坚持与探索精神，为国际医学界开辟了全新的思路和理论。

1988年王振义在国际权威期刊《血液》上发表了第一篇关于全反式维甲酸临床应用的论文《全反式维甲酸治疗急性早幼粒细胞白血病的研究》，引起国际血液界高度关注，并由此奠定了诱导分化的临床基础。这篇论文，荣获了美国科学信息研究所（ISI）引文经典奖，被誉为世界血液学领域百年最具影响力的86篇学术论文之一。

王振义团队不光证实了全反式维甲酸治疗急性早幼粒细胞白血病的功效，还探索了其作用机制。1990年，在王振义的指导下，陈竺领衔的课题组和国际实验室同时发现，急性早幼粒细胞白血病的形成与某些染色体的基因有关。患者体内都有一种致癌基因，这些基因会产生致癌性的蛋白质，使正常的造血细胞发生恶性转化，导致急性早幼粒细胞白血病。而全反式维甲酸可以精准地使这一致癌基因蛋白发生降解，从而将恶性细胞转化为正常的细胞。这个融合基因的发现，初步阐明了该疾病的发病原理和维甲酸治疗的分子机理。通过进一步深入研究，王振义团队更系统地解释了急性早幼粒细胞白血病诱导细胞分化的原理。这一成果使得肿瘤诱导分化疗法不再仅仅依赖于事实经验，而是建立在系统科学的理论体系之上。这一突破不仅推动了我国白血病基础研究的发展，使其跻身世界前沿，为全球白血病治疗提供了新的方向。

三氧化二砷与全反式维甲酸的联合疗法

全反式维甲酸在临床上大规模运用之后，王振义收到了医生们反馈的新问题——10%～15%的患者表现出原发性耐药性，即这种药从一开始就对他们无效；在有效的患者中，近50%的患者在服用全反式维甲酸后，病情稳定了一段时间后又开始复发。

耐药性

什么是耐药性呢？

当我们生病时，医生会给我们开一些药物来治疗疾病。这些药物可以帮助我们打败"坏"的细菌或病毒，让我们恢复健康。但是，有时候，这些"坏"的细菌或病毒会变得"聪明"，他们学会了怎样躲避药物的攻击，不再受到药物的影响，这就是耐药性。

患者一旦有了耐药性，存活的希望就会变得很小。如何降低患者复发的概率，并实现治疗效果的长期稳定？我们需要寻找一种新药。

1992年，王振义看到了一篇报道——哈尔滨医科大学第一附属医院在治疗急性早幼粒细胞性白血病时，采用"亚砷酸"注射液治疗。这种注射液的主要成分是"三氧化二砷"，就是俗称的"砒霜"。三氧化二砷有很强的毒性，如果误食或接触，会对人体造成严重的伤害甚至危及生命。虽然三氧化二砷治疗急性早幼粒细胞性白血病的效果不如全反式维甲酸，但这种思路吸引了王振义的注意。

王振义经过多次试验和临床验证，证实了三氧化二砷对白血病的有效性。王振义及科研小组对三氧化二砷进行了体外实验。实验结果显示，三氧化二砷对癌变细胞有双重作用：在一定浓度下，可以诱导癌细胞分化；而在另一种浓度下，它则可以杀伤癌细胞。这意味着三氧化二砷和全反式维甲酸可以结合使用，产生比单独使用更好的疗效，实现"1+1 > 2"的效果。

王振义对15名复发急性早幼粒细胞性白血病的患者进行了临床验证。结果显示，其中有14名患者达到完全缓解。通过现代医学的研究方法，王振义团队成功地将这个过去被认为毒性剧烈的物质三氧化二砷转化成了白血病的解药。

在有效缓解治疗急性早幼粒细胞性白血病的基础上，王振义不断优化治疗方案。他们发现患者不一定非要复发后再用三氧化二砷治疗，而是可以用联合疗法。这种联合疗法大大提高了患者病情的缓解率，可以存活5年以上的患者达到了90%。为此，国际血液学界骄傲地将此方案称为"上海方案"。

 科学贡献

1994年，王振义院士获得国际肿瘤学界的最高奖——凯特林奖。除此之外，他还荣获了瑞士布鲁巴赫肿瘤研究奖、法国台尔杜加世界奖、美国血液学会"海姆瓦塞曼"奖、求是杰出科学家奖、首届何梁何利基金科学与技术进步奖等殊荣。即便到了耄耋之年，他仍凭借这些成就获得了2010年度国家最高科学技术奖。2011年12月10日，国际小行星中心发布第77507号公报，将第43259号小行星命名为"王振义星"。

王振义不仅在医学科研方面取得了卓越成就，还致力于培养医学临床和科研领域的顶尖人才。他曾先后担任内科学基础、普通内科学、血液学、病理生理学等领域的教学工作，共培养了21名博士和34名硕士研究生。在王振义的学生中，不仅有著名的"院士夫妻"陈竺和陈赛娟，还有中国科学院院士陈国强等杰出人才。他

的教学和榜样作用，为中国医学事业的发展和学术传承作出了重要贡献。他鼓励青少年说："要敢于问'为什么'，钻到底，才能保持创新思维。每个人都该对人类有所贡献。这和他是否能成名成家，或者是否一定要当科学家，并无太大关联。"

师昌绪

突破封锁的"中国高温合金之父"

科学家简介

师昌绪（1918－2014年）

"中国材料学之父"

"中国高温合金之父"

中国材料科学与工程领域的杰出人物

中国高温合金研究的奠基人

中国科学院院士、中国工程院院士、

第三世界科学院院士

2010年度国家最高科学技术奖获得者

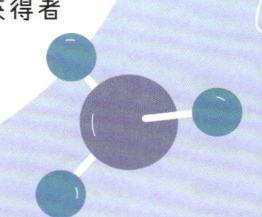

科学发现

勇担重任，研制铸造镍基高温合金空心涡轮叶片

师昌绪是我国高温合金领域的奠基人，被誉为"中国材料学之父"。他研制出多种具有自主知识产权的高温合金及其关键部件。

知识拓展

高温合金

高温合金是一种特殊的材料，可以在极端高温环境下保持正常工作。你知道吗？我们平常用的普通金属在高温下会变软，但高温合金不一样，即便在高温环境下，它们也能保持坚固和性能的稳定。高温合金如此坚韧的秘密在于它们由一些特殊的金属元素组成，包括镍、铬、钨、钼、铼等。这些特殊的元素让合金在高温下不易变形，因此在很多需要耐高温材料的地方都有它们的"身影"。比如，高温合金广泛应用于航空发动机的关键部件，确保飞机在高空飞行时动力系统的稳定性，从而提升飞机飞行高度和速度。此外，高温合金还用于制造核能设施的关键部件，能够在核反应堆的高温环境下保持性能稳定，确保设备安全运行。

高温合金的研发和部件的生产难度极大。师昌绪从1957年开始就率先在国内开展了高温合金材料及制作工艺的研究。

1964年，我国自行设计的新型飞机——歼-8战斗机，需要配备发动机。当时，发动机的动力问题成为制约新型飞机发展的关键。

知识拓展

高温涡轮叶片

我们知道，航空发动机能给飞机提供持续飞行的动力，是飞机的心脏。航空发动机中有一个非常重要的部件，叫作"高温涡轮叶片"，它就像飞机的翅膀。这些叶片要经常在高温、高压和温差很大的环境里运行。如果高温涡轮叶片出了问题，就可能会导致飞机故障，造成很严重的后果。因此，我们需要非常谨慎地设计和制造这些叶片，确保它们可以在极端条件下长时间稳定地工作。

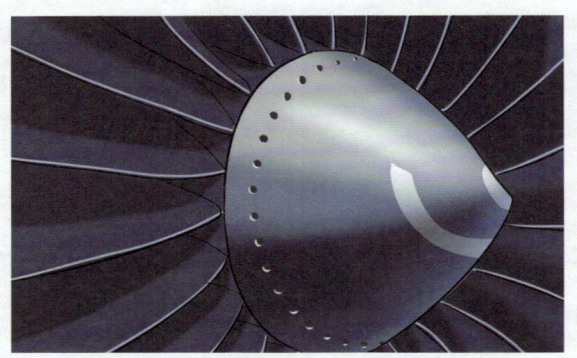

高温涡轮叶片

经过讨论，歼-8战斗机的工程师们决定对现有的发动机进行优化改造，来提升它的推动力。这就意味着涡轮叶片需要在更高的温度下工作。为此，研究人员需要研发能在高温下工作的合金材料，并设计空心叶片。

知识拓展

空心叶片的优势

一是空心结构比实心结构更轻巧，可以减轻叶片的总重量。在航空领域，减轻重量至关重要，因为质量越轻，飞机的燃油效率越高。二是空心叶片散热效果好。空心叶片内部有空间让空气流动，从而能够有效地散热。第三是空心叶片能抵抗热膨胀。在高温环境下，材料容易受热膨胀，如果使用实心叶片，叶片可能会因为体积扩大而出现变形或者破裂，而空心结构可以通过合理的设计来缓解热膨胀带来的压力，保持叶片的形状稳定。

师昌绪组织金属研究所100多位科技人员一起承担了研制精密铸造空心涡轮叶片的任务。他们与设计制造单位紧密合作，开展了一系列设计与制造工作。

知识拓展

空心涡轮叶片是怎样铸造出来的呢？

第一步，冶炼。通过将不同的金属元素融合在一起，制造出特殊的合金材料，用于制造叶片。

第二步，制作模具，为叶片造型。人们通常采用熔模铸造法，用蜡做一个叶片的模型，然后放进砂里，将蜡模熔化，留下叶片的空腔，从而形成空心叶片。

　　在空心叶片内部，会有一些较复杂的结构或通道，为了保证叶片形状的准确性，需要使用内芯（某种在高温下溶解的材料）来支撑叶片内部，等铸造完成后，再将内芯溶解去除，最终形成空心叶片。

　　为了确保叶片质量，研究人员还要测量叶片的内壁厚度，确保它的厚度是均匀的、合格的。叶片材料做好后，还需要进行化学分析，检查合金的成分是否符合要求，同时还要了解它的组织结构和特性。在制造叶片的过程中，还要严格控制合金的质量，确保叶片性能的稳定性和可靠性。

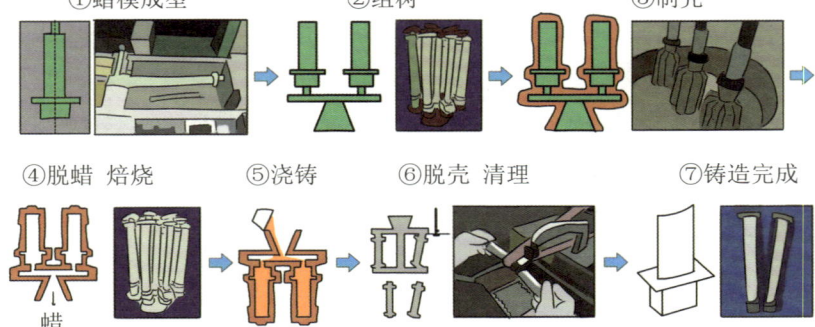

①蜡模成型　②组树　③制壳
④脱蜡　焙烧　⑤浇铸　⑥脱壳　清理　⑦铸造完成
蜡

熔模铸造涡轮叶片的制作流程图

最后，制定一套验收标准，用来评估叶片的质量，确保它能满足设计和性能的要求。

在研发过程中，师昌绪遇到的第一个难题是如何选择空心叶片型芯的材料。当时，制作型芯的技术在国际上被严格保密。科研人员尝试了用钼丝、磷酸盐等多种材料来做型芯，但都以失败告终。就在大家束手无策的时候，师昌绪偶然从销售细石英管的广告中受到启发。他觉得可以尝试用石英管作为空心涡轮叶片的材料，因为石英管在耐火性、强度、化学稳定性、尺寸精度和表面粗糙度方面的性能都非常好。于是，师昌绪带领团队集中精力攻关，并在短短一个月内攻克了制作型芯的技术难关。他们成功地利用石英管制作出了符合要求的型芯，为后续的叶片铸造工作奠定了基础。

其次，师昌绪团队需要制造出一种特殊的合金材料，用于制作叶片。师昌绪决定采用金属研究所在1962年研发的高水平铸造镍基高温合金——M17合金。为了使这个合金更适合使用，研究团队进行了新的冶炼工艺的开发，进一步提升了M17合金的组织和性能的稳定性。师昌绪创新了一套名为"低温精炼、低温脱气和低温浇注"的工艺流程。这套流程需要根据不同的设计要求调整合金材料中每种成分的比例，从而使合金材料更加稳定。

知识拓展

低温精炼、低温脱气和低温浇注

低温精炼是一种处理金属材料的方法。在制造合金材料时，你会发现里面混有一些杂质。低温精炼就是用一种特殊的方法，把这些杂质去掉，使合金材料更纯净，更适合使用。

低温脱气是指从材料中除去气体。在制造合金材料时，里面会混有一些气体，如果不处理好，可能会影响材料的性能。

浇注是指将熔融材料倒入模具中，让它凝固成型。低温浇注就是在制造合金材料时，使用较低的温度进行浇注。这样可以减少材料因温度变化而产生的膨胀或收缩，让合金更均匀地凝固，从而使合金的组织更稳定，性能更好。

1966年，师昌绪带领团队成功研制出中国第一片九孔铸造空心涡轮叶片。同年，我国成功生产出了首批铸造空心叶片，并且成功地安装到发动机上进行试飞。

铸造出九孔涡轮叶片是一项创新性的工作。它为我国铸造高温合金和先进的空心叶片打下了坚实的基础。这一技术的突破使得我国涡轮叶片技术取得了两大重要进步：首先，由传统的锻造工艺提升为更先进的真空精密铸造技术；其次，将实心叶片优化为空心结构。这些技术上的突破使得我国成为继美国之后的世界上第二个成功应用精铸气冷涡轮叶片技术的国家。这些叶片至今仍然在我国航空领域得到广泛应用，被装备于各种先进飞机上。

提炼"低偏析"理论，造就高温合金材料腾飞

理论是科学的基础，技术是科学的应用，二者相辅相成，共同推动人类文明的进步。20世纪60年代初，师昌绪领导的金属研究所以"发展铸造高温合金"为主要方向进行研究。在他的领导下，金属研究所在"金属凝固过程"这一学科领域取得了重大的技术突破。

知识拓展

金属的凝固过程

事实上，金属在特定条件下也可以像水一样由液体变成固体。金属凝固过程就是指金属从液态变成固态的过程。不同的金属有不同的凝固温度，有的金属很容易在低温下凝固，有的则需要更高的温度。因此，在制造金属制品时，我们需要根据金属的不同特性来调整温度和时间。金属凝固后，能制造出各种不同形状的金属制品，比如玩具、汽车零件、航天器等。所以，金属凝固过程对我们的日常生活和科学研究都非常重要！

师昌绪通过研究金属的凝固过程来提高高温合金的性能。他发现，在制造高温合金的过程中，有一个现象叫作"凝固偏析"。虽然这个概念较为复杂，但我们可以借助一盘水果沙拉来形象地解释它。

想象一下，我们正在做一盘水果沙拉，盘子里面有苹果、橙子和葡萄。我们搅拌一下，你会发现苹果和橙子聚在一起，而葡萄则散落在离它们较远的地方。苹果与橙子靠着沙拉酱聚集为一个整体。这就是沙拉的凝固

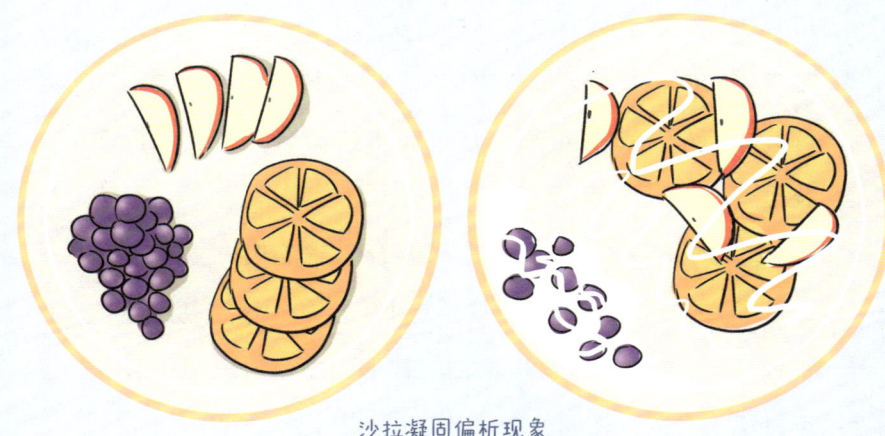

沙拉凝固偏析现象

偏析现象。

在金属的凝固过程中，也会发生类似的现象。金属是由不同的成分组成的，就像沙拉里有不同的水果一样。当金属从液态变成固态时，它的成分有时会不均匀地聚集在一起。这种现象会让金属中的某一部分变得不那么坚固，而另一部分则变得更加坚固。用这样的金属来制造物品是一个挑战，所制作的物品可能由于受力不均而产生一些安全隐患。因此我们希望金属是均匀、坚固的。

师昌绪经过反复实验和理论分析，发现金属中的一些微量元素（如磷、锆、硼、硅等）是造成金属成分分布不均的原因。于是，他提出了一个解决方案，即通过有效地控制这些微量元素的含量及比例，使它们像调整蛋糕的配料一样分散得更加均匀。这样，高温合金就能变得更坚固、更可靠。这一技术被命名为"低偏析技术"。

该项创新技术使得铸造高温合金时的温度提升了20～25℃，同时，变形高温合金在工作时的温度也提升了近100℃。根据这些进步，工程师们还制造出了更多可以用于高温工作的合金。其中，多数产品已被应用于我国航空发动机领域，部分还被用于不锈钢、抗氢钢的研制和生产。

20世纪80年代，我国原国家计划委员会在金属研究所设立了"低偏析合金材料及制品的示范基地"。中国利用世界银行的贷款也在金属研究所成立了高性能均质合金工程研究中心。该"低偏析技术"获得了1986年中国科学院科技进步奖一等奖和1987年国家自然科学奖三等奖。

1998年7月，师昌绪在美国华盛顿召开的国际材料研究学会会议上，发表了标题为"微量元素控制的低偏析高温合金"的报告，并荣获国际材料研究学会联盟（International Union of Materials Research Societies，IUMRS）颁发的"实用材料创新奖"（Innovations in

Real Materials Award）。当年全球仅有12项研究工作获此殊荣，而低偏析技术正是其中之一。与此同时，低偏析技术还被《大不列百科全书》所收录。

逢山开路，研制抗热腐蚀涡轮叶片

20世纪70年代，师昌绪的研究又被应用在能源运输领域。当时，四川发现了大量的石油和天然气资源，工程师们计划通过管道将这些资源运输至上海。在这个项目中，能源运输时间和距离都很长。那么如何为运输提供动力呢？有人提出了利用燃气轮机来驱动增压泵的设想。

知识拓展

燃气轮机

燃气轮机是一种用来产生动力的机器，它也被称为燃气发动机。它的工作原理与走马灯相似。

走马灯的上方有一个类似风车的叶轮，当灯被点燃时，灯内的空气被加热，热空气上升推动灯上面的叶轮旋转，进而带动下面的小马一同旋转（下图左）。而燃气轮机则是靠燃烧室产生的高压高速气体推动燃气叶轮旋转（下图右）。

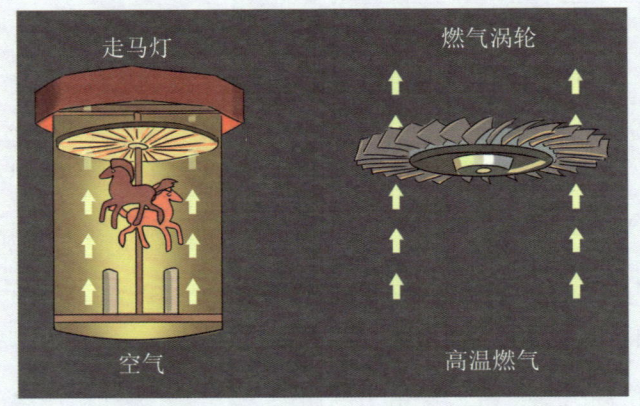

走马灯与燃气涡轮旋转原理

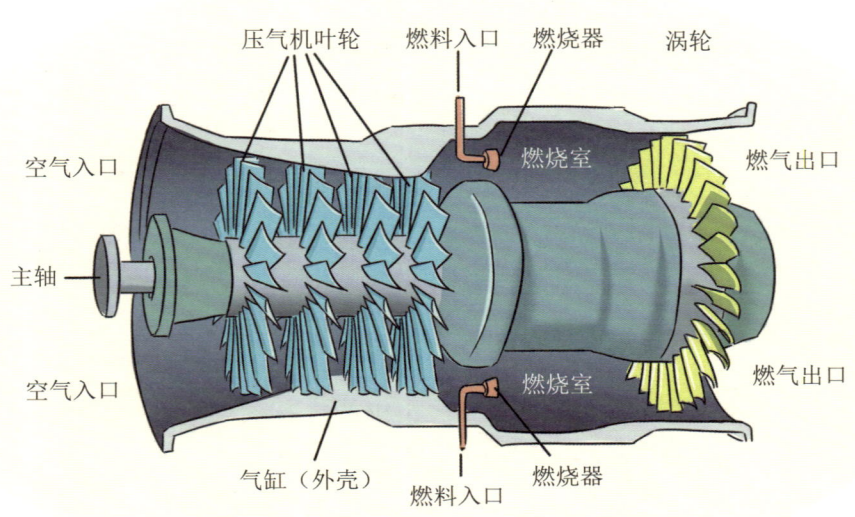

燃气轮机结构示意图

燃气轮机通常用于给大型船舶、飞机、发电厂和工业设施提供动力。

在高温下，工业和舰用燃气轮机所用燃油中的硫以及空气中的特定成分可能会引发对镍基高温合金制成的涡轮叶片等部件的热腐蚀，从而导致严重的损坏。针对镍基合金的腐蚀问题，师昌绪等科学家对合金的成分进行了调整，以期开发出更耐高温、抗腐蚀的高温合金，并着手对零件表面采取特殊的保护措施。通过不懈地努力，他们最后决定采用金属研究所研制的耐高温腐蚀合金M38作为涡轮叶片的材料。

这项研究成果不仅满足了地面燃气轮机的需求，还被应用于海上的船舶。为了提高工作温度，除了M38以外，还开发出M38G、DZ38G、DSM11、DD8和DD10系列抗热腐蚀合金。师昌绪所领导的金属研究所在抗高温腐蚀合金及叶片研发领域已经成为国内的佼佼者。他们研发了很多新型的耐高温腐蚀合金和复杂的叶片，同时这些新技术在地面燃气轮机、舰船和发动机的生产中得到了应用。

正是师昌绪等科学家们的勇于探索和担当精神，才使得我们能够拥有如今的先进技术和优质产品。他们将神奇的合金铸造成科技的坚盾，守护着人类工程

进步的浩瀚征途，让科学的奇迹在众人的努力下层层绽放。

遇水架桥，研发铁基高温合金

师昌绪团队对高温合金的研究并没有止步。那时，在我国的航空航天、能源以及其他高温工艺行业中，合金材料一直被广泛使用，师昌绪的研究也涉及这个领域。

1957年，师昌绪决定开发铁基高温合金以代替镍基合金，因为其具有其他合金所不具备的性能。铁基高温合金是一种特殊的合金材料，它主要成分是铁、镍和铬，并添加了其他合金元素，如钼、铝、钛、铌等。这些合金元素的添加赋予了铁基高温合金在高温和极端环境下卓越的力学性能、耐腐蚀性和抗氧化性。

金属研究所团队包括师昌绪自己在内，对于这种材料的开发都毫无经验，但他没有就此退缩。他清楚，单凭自己的力量要攻克这个难题非常困难，于是他开始主动寻找合作伙伴。

众人拾柴火焰高。师昌绪领导的研究团队与抚顺钢厂进行联合研究，最终我国第一个铁基高温合金（GH135）研制成功。

知识拓展

GH135合金

GH135合金是铁镍基沉淀硬化高温合金，主要成分包括铁、镍、铬等元素，通过加入铝和钛元素形成适时的析出强化相，同时含有一些其他的合金元素，如钼、钨、锰等。这些合金元素的加入使得GH135合金在高温下表现出色，具有良好的热稳定性和抗腐蚀性能。GH135合金常被用于制造高温工作环境中的零部件，例如航空发动机的涡轮叶片、高温燃烧室部件等。相较于普通金属材料在高温环境下可能发生的性能退化，GH135合金能够维持较高的强度和稳定性，从而确保零部件能够正常工作。

尽管GH135合金在高温下具有较好的性能，但它仍然存在一定的高温限制。在超过其耐受范围的极端高温条件下，合金可能出现性能下降或失效的情况。此外，GH135合金的加工过程相对复杂，且其耐腐蚀性能存在一定的限制。

师昌绪在研发铁基高温合金的时候，还提出了要开发一种少用镍和铬的"高合金钢"。此后，他陆续开发

出Cr-Mn-N无镍不锈钢和Fe-Mn-Al系奥氏体钢。

Cr-Mn-N无镍不锈钢

Cr-Mn-N无镍不锈钢，它不含镍，因此原材料成本较低。它在很多腐蚀物质中都有出色的抗腐蚀性能和抗磨损能力，特别是在尿素分离装置（它像一个特殊的"过滤器"，可以把尿素和杂质分开，让纯净的尿素从分离塔里流出来）和化工换热分离器（"回收"热能的装置，它可以把热能从一个地方转移到另一个地方）等设备上的应用，使得零部件的使用寿命比传统的镍含量不锈钢延长了10多倍。

Cr-Mn-N无镍不锈钢因其独特的性能优势，曾被中国科学院列为重点推广项目，并被认为具有巨大的发展潜力。目前，这项技术已实现批量生产，并广泛应用于化肥厂与盐化工企业。此外，因这种钢材中不含镍，它在生物材料领域也开始受到重视。

而Fe-Mn-Al系奥氏体钢的研制，则是材料学之父师昌绪的另一项研究成果。高锰钢是一种典型的奥氏体钢，它在正常情况下是很坚硬的。

奥氏体钢

什么是奥氏体钢呢？首先我们需要知道，钢是由很多小小的晶体块组成的，就像积木一样。奥氏体钢作为钢的一种特殊类型，其微观结构由被称为"奥氏体"的晶体单元构成。奥氏体这种晶体结构让钢变得非常坚固，且有弹性。此外，奥氏体钢很容易加工，还具有较好的焊接性能。

师昌绪发现，这种材料也存在一些问题——在形状改变或低温条件下，奥氏体钢会因为发生"马氏体相变"而变脆。

马氏体相变

"马氏体相变"是一种晶体结构的改变。正如我们刚才所说，钢就像一堆小小的"积木"组成的材料，其中每一块"积木"都有自己的位置。然而，在特定条件下，某些钢中的晶体结构会发生重排，这一过程类似"变装"，导

致钢的结构从原始形态转变为一种全新的形态，即"马氏体"。这个变化就叫作"马氏体相变"。

为什么会发生"马氏体相变"呢？这是因为钢在经历高温或者快速冷却的时候，其中像"积木"一样的结构会重新排列，金属就变得更加坚固了。"马氏体相变"给金属带来了很多有用的特性，它会使金属变得更加强韧和耐用。

师昌绪等科学家经过深入研究，发现铝在特定条件下能够显著提升钢的稳定性。他们率先进行了系统研究，找到了铁锰铝合金的特性和相变规律，并研制出了一种性能非常优良的钢——15Mn26Al4钢。

15Mn26Al4钢

15Mn26Al4钢性能非常特别，它是合金钢中最稳定的低温材料之一。普通的钢在非常低的温度下会变得脆弱，但是15Mn26Al4钢在更低的温度下，甚至是液氮温度下，都不会发生变化，保持了它的强度和稳定性。这种钢在工业上有很重要的用途。例如，它可以应用于氢能等工业领域的发展，同时也可以用作变压器隔板，以减少能耗。

多年来，师昌绪一直在推动和关注我国高温合金的研究、开发、制造和应用。目前，我们已经具备完全自主生产这种高温合金的能力，使我国成为继美国、英国和苏联之后，第四个拥有高温合金技术的国家。作为我国高温合金领域的主要学科领军人物，师昌绪多次受邀在全国性的高温合金会议上作主旨演讲。他还积极参与了《中国高温合金四十年》这一重要著作的编纂工作，并担任《中国航空材料手册》的首席顾问。

师昌绪在高温合金领域建立了卓越的成就，中国金属学会高温合金分会于2004年授予他"终身成就奖"。这是对他多年来辛勤工作和卓越成就的肯定和褒奖。

遍地开花，开辟材料学新方向

师昌绪不仅在材料科学领域取得了卓越成就，还是一位杰出的战略科学家，在我国材料学与工程领域发挥着重要的引领作用。他学识渊博、眼界高远，且具备强烈的责任感与使命感，这使得他在国际上也赢得很高的声誉。他以远见卓识和深厚的学养，精准地引领着材料

科学与技术的发展方向。

1980年，师昌绪担任金属研究所的所长后，认真地调查研究，并和大家一起讨论，根据国际的发展趋势，提出了新的发展计划。他决定把材料科学与工程作为主要的研究方向，金属研究所此后在材料科学及工程学领域遍地开花，取得了一系列成就。

师昌绪敏锐地发现纳米科学技术将成为材料科学的生长点。

纳米科学技术

纳米科学技术是一门研究极小尺度物质的科学和技术领域。它关注的是纳米级别的物质，也就是非常微小的颗粒或结构，比我们能看到的细菌还要小。在纳米科学技术中，科学家们将探索和研究这些微小的物质在不同环境下的特性和行为，这些特性往往与常规尺寸的物质存在着显著差异，因此纳米科学技术有望引领众多新颖的发现和广泛的应用。

为了更好地推动我国纳米技术的发展，科技部成立了国家纳米科技指导和协调委员会，师昌绪担任该委员会第一届学术委员会主任。

20世纪90年代初，师昌绪对我国的金属材料资源进行了分析，并得出结论：目前的金属材料资源储量在几十年到两三百年内将会耗尽，唯独镁资源非常丰富，可以说是取之不尽、用之不竭。镁合金是一种质量很轻的金属材料，但因为它容易腐蚀，强度也不够高，所以一直没有得到广泛的应用。

于是，师昌绪和其他5位院士联名建议将"镁的研究与开发"列为重点项目。这个建议引起了国内镁合金研究的热潮。现在我国每年镁合金产量已经达到70～80万吨，占据了全球产量的2/3以上。

师昌绪还提出要充分利用镁合金的优点，如质量轻、能消除震动和屏蔽作用，因此它可以在交通工具和建筑材料中得到广泛应用。同时，还需要解决镁合金易燃、不耐腐蚀以及强度不足等问题，以便使镁合金在未来的科技发展和产业升级中发挥更重要的作用。

师昌绪主持召开了"聚丙烯腈基碳纤维发展对策研讨会"，并亲自向党中央呈递了自主研发碳纤维的建议。"聚丙烯腈基碳纤维"在"十五"期间被纳入863计划，国家开始大规模投入资金进行碳纤维的研发，我国碳纤维企业得到了蓬勃发展。

作为科学家，师昌绪敢于对他不熟悉的领域提出想法和建议，而且坚持了10余年，从碳纤维的研发、生产到应用，他都倾注了大量心血。师昌绪先生以不朽的精神践行了其人生信条，为后人树立了崇高的榜样。他的卓越贡献和高尚品德受到了国内外科学界的广泛称赞和尊敬。

科学贡献

师昌绪作为一位杰出的科学家，在材料科学研究领域作出了许多重要贡献，研究重点涵盖高温合金、合金钢、金属腐蚀与防护等领域。他获得了以国家最高科学技术奖和国家科学技术进步奖一等奖为代表的国家级奖励10余项，其中包括1994年获何梁何利基金科学与技术进步奖、2001年获霍英东科技成就奖、2004年获第五届光华工程科技成就奖、2004年获中国金属学会终身成就奖，2002年获美国矿物、金属及材料学会（Minerals, Metals, Materials Society，TMS）高级会员（TMS-Fellow）称号，他是唯一获此称号的华人。

师昌绪倡导并实践"传统材料与新材料研究结合、基础研究与应用研究并重"的科研理念，这一理念对中国材料学的发展起到了重要的推动作用。同时，他提出并推动了中国镁合金和高强碳纤维的研发与应用。

师昌绪还重视材料科学研究基地的建设和人才队伍的培养，他主张应充分发挥每个人的积极性和创造性。几十年来，他联合培养硕士和博士生共80多名。师昌绪秉持"俯首甘为孺子牛"的精神，积极为年轻人创造学习和交流的机会，即使在人才断层的年代，金属研究所的年轻人也依然是同龄人中的佼佼者。50多年来，他所培养的科技人员大多数已经成为我国材料科技事业的中坚力量，其中3人被选为院士。学生们深受他的影响，以他认真负责、持之以恒的做事态度和勇于探索、实事求是的科研精神为榜样，传承了生生不息的时代精神。师昌绪身上体现的使命、责任与担当，正在化作当今新一代学子前行的不竭动力。

吴良镛

"谋万家居"的建筑巨匠

科学家简介

吴良镛（1922年— ）

中国著名建筑学家、城乡规划学家和教育家，人居环境科学的创建者

中国科学院院士、中国工程院院士

2011年度国家最高科学技术奖获得者

编号9221的小行星被命名为"吴良镛星"

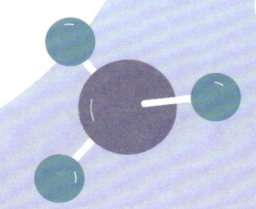

科学发现

自2000年国家最高科学技术奖设立以来，2011年该奖项首次授予了一位建筑师——中国科学院和中国工程院院士吴良镛。他是清华大学建筑系的元老，同时也是新中国教育建筑事业的开拓者之一，并且亲手创立了中国人居环境科学领域。今天，就让我们一起走近这位建筑大师，听一听他的故事。

师从两位建筑界前辈，为东西方建筑设计融合奠定基础

1940年，18岁的吴良镛迎来了他人生中的第一次重要考试——大学入学考试。面对山河破碎、民不聊生的祖国现状，他暗自下定决心，要学习建筑学，以期早日重建家园。考入重庆中央大学建筑系后，吴良镛更加坚定了"谋万家居"的理想信念。经过近3年的刻苦学习，吴良镛逐渐领悟了建筑学的精髓，对专业的学习有了一种豁然开朗的感觉。他和同学们创办了一本油印的杂志《建筑》，传播当时的一些学术信息。同时，他发表了一篇名为《释"阙"》的论文习作。

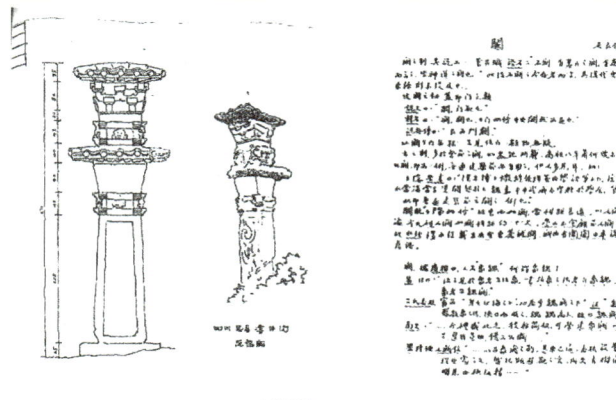

《释"阙"》手稿

1948年，吴良镛前往美国匡溪艺术学院建筑与城市设计系深造。

知识拓展

芬兰建筑师埃利尔·沙里宁

匡溪艺术学院的第一任校长，是芬兰裔建筑师埃利尔·沙里宁先生，他亲自规划了整个校园，并设计了校园内的主体建筑和艺术博物馆。沙里宁先生是北欧现代设计学派的代表人物，移居美国后，更是被誉为"美国现代设计之父"。

师从沙里宁教授，吴良镛最为受益的，是其开放式的学习态度和方法。匡溪艺术学院的学生可以自己选择研究方向。学生可以从开学的主题创作和后期一次次的作品中，逐渐发现自己的兴趣点，最后确定自己的发展方向。这种开放式的学习模式，开阔了学生的视野，也让吴良镛对不同流派的学术思想产生了更加浓厚的兴趣。

得知吴良镛酷爱读书，导师沙里宁就鼓励他说："喜欢读书是非常好的，但还要学会思考，要讲究思考的方法。"他希望吴良镛在追求西方现代文化的同时，能够铭记自己本国文化的根基。

这些教导慢慢浸润到吴良镛的心中，在重庆中央大学受到的专业培养，以及在清华大学的两年间受教于梁思成先生，加上师从沙里宁先生的经历，给了吴良镛"两种文化"的启示。东西方建筑界的两位顶尖人物的教导，让吴良镛在学术上不断精进，也提升了他做人的涵养。

知识拓展

国徽、人民英雄纪念碑的设计者

在今天的清华大学建筑系大楼里，还保留着一面展示墙，墙上记录了从1946年成立以来，清华大学建筑系的历史和一些重要时刻。这块展示板上显著记录着一项重大事件——设计"国徽方案"：1950年，由梁思成、林徽因领导的清华营建系设计小组所提交的国徽方案被选中。两位老师满腔热情的工作状态深深地感染了青年吴良镛，促使他也全身心地投入到了系里的工作中。

国徽方案确定之后，又有好消息传来：梁思成和林徽因共同设计的人民英雄纪念碑项目，也中选了！此外，吴良镛也参与了人民英雄纪念碑的设计。

对广义建筑学的思考，为建筑学的未来指明方向

作为新中国培养的第一代建筑师，吴良镛在一次次的实践中，深刻体会到了建筑大师们追求创新与严谨并重的学术精神；又从与各方专家的精诚合作和坦诚交流中，感受到了浩大工程背后的艰辛。他逐渐意识到了建筑这个领域的宽广外延。而这一点，也正是吴良镛后来一系列学说的重要基石。

1983年，吴良镛在日本大阪的人类学博物馆参观

时，发现了一个有意思的模型，该模型展示了大阪早期农舍，其中不仅包含房屋，还设有牲畜栏、水塘、菜地等，两三家相邻的农舍组成一个小村落。这个模型的直观呈现，不禁让吴良镛回想起了在中国历史博物馆曾经目睹过的类似场景。无论古代还是现代，建筑从来都不只是房子那么简单，而是由人、建筑、自然、社会等多种元素相互交织、组合而形成的一种复杂的社会现象。

这个，是不是指明了建筑学的核心问题呢？

从这个观念进一步突破，吴良镛继续深入思考：如果将整个地区的环境、文化、科技、艺术、教育等诸多因素都加以考虑，会是怎样的呢？这些因素之间，究竟存在着怎样的结构组合关系呢？再联系到对区域规划、空间战略和土地利用等多方面的实践与思考，吴良镛将自己的思考和这个新的学术概念用"广义"两个字概括出来。

吴良镛根据自己多年的工作和研究，写出了"广义建筑学"的提纲，并在清华大学《广义建筑学的思考》的演讲中做了进一步的完善。

接着，吴良镛全神贯注地投入到这一理论的完整构思和布局中，一气呵成地完成了《广义建筑学》一书框架的构建和内容的撰写。

1987年，在由国家自然科学基金委员会资助召开的"建筑学的未来"学术研讨会上，吴良镛第一次正式提出了"广义建筑学"的概念。自从意识到建筑学要向科学进军后，他就在思考进军的路径。

在吴良镛的观点中，广义建筑学意味着将建筑学与其相关学科视为一个有机整体并深入探究这些相关学科与建筑学之间的边界划分与融合共生。简单地说，一座城市或一幢建筑，不是孤立存在的，而是与周围的环境、文化、经济和布局等紧密相关的。换言之，广义建筑学是在广度和深度上得以拓展的建筑学，它强调全面性，更追求各科间的融会贯通。

吴良镛希望，建筑学可以从"单纯的建筑"转向"聚居"，从"单纯的一座座房子"拓展到"人、自然与社会的层面"，从"单纯的物质构成"拓展到"社会构成"。

广义建筑学的提出，大大拓展了建筑学的视野，更为建筑学的未来发展指了一条路。它成为中国近年来建筑行业发展的一个大纲和引导，使得建筑学成为向着为人的居住服务进军的一门科学。

通俗地说，提出"广义建筑学"旨在系统考量环境因素对建筑设计的影响，从而科学地指导房屋建设。对北京菊儿胡同的改建，就是对这种思想最好的阐述。

北京菊儿胡同改建项目——吴良镛规划实践上的巅峰之作

知识拓展

20世纪80年代的菊儿胡同

同学们，如果你去过首都北京观光旅游，你一定不会错过游人如织的南锣鼓巷，尤其是这里有呈鱼骨状分布的16条胡同，每一条都蕴含着丰富的历史文化色彩，每一处都积淀着充满京味儿的历史故事。

此情此景，或许会让你的脑海中浮现出"天棚鱼缸石榴树，先生肥狗胖丫头"这样一幅优美宁静的画面。但在20世纪80年代，菊儿胡同41号院却是胡同里"最破"的地方。

那里原本是一座寺庙衍生出来的大杂院。明朝时期曾是一个朝廷大员的家庙，叫弘德禅林。后来，这座寺庙逐渐破败，大殿、佛堂、厢房都逐渐被改成了住宅，人口最多的时候，一度达到

菊儿胡同改造前

24户、80余人！

　　随着人口的日益增多，住户们只好在院子里不断加盖房子，小厨房、小房间、小棚子，逐渐把这座院子挤占得令人转不开身。他们只能共用一个水龙头和一条下水道，而附近唯一的公共厕所位于院外百米之外，其卫生环境之恶劣可想而知。随着人口的增加，院子里盖满了小棚、小房，人均面积只有5平方米，而院落的面积不足整个胡同的20%。院子里还生长着两棵老树，树荫遮去了大部分阳光……总之，"人口拥挤、住房困难""住房严重老化""生活设施落后与不足"

这三大难题深深困扰着居民朋友，他们迫切地希望居住条件能得到改善。

因此，作为北京市旧城改造试点之一的菊儿胡同新四合院工程，既要担负起旧城改造的重担，又迫切面临着最大限度地改善老百姓住房条件的难题。

因为菊儿胡同处在旧城风貌保护区内，所有改建工程均不能与旧城保护相冲突，因此该改造项目一直停留在规划阶段，未能得以实施。

经过深入研究，吴良镛团队并没有对菊儿胡同进行大拆大建，而是将"环境"和"人"的需要协调起来，采取"肌理插入法"。这种建造方法并不是将四合院一股脑儿地全部拆除，而是根据实地的建筑局部"以旧代新"，用"新四合院"代替原有的传统四合院。

在营造"新四合院"时，吴良镛确定了几项原则：首先，采用普通材料，以确保造价不会过高；其次，控制住房面积，让中等收入家庭也能够购买和承担其费用，每家使用面积分别为45平方米、70平方米、90平方米。经过改造，人均住房面积已提升到10多平方米。

菊儿胡同模型

知识拓展

"新四合院"的奇思妙想

同学们，听到这里，你一定按捺不住，迫切地想知道"新四合院"到底有哪些神奇之处吧，快来让我们一探究竟吧！

第一，成片整治、成片建设，达到整体性和私密性的高度统一。菊儿胡同住宅楼的设计融合了老北京四合院的布局特点，并吸收了公寓式住宅楼的私密性优势，形成了一种错落有致的布局。每个单元式公寓都功能齐备、设施完善，组成了一个称为"基本院落"的新型四合院体系。

院子小巧精致，保留了老北京的传统四合院的建筑风格，严整而密实。室内可谓大有乾坤，现代化的起居室、厨房和卫生间一应俱全。

菊儿胡同改造后鸟瞰图

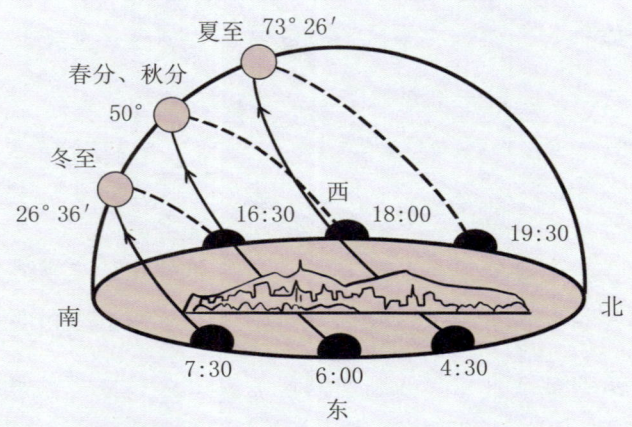

一年中阳光照射角度

在保证居民私密性的同时，通过连接体和小跨院的设计，各单元形成一个整体，邻里之间依然能够见面打招呼、聊天拉家常，保留了中国传统住宅的人情味。

第二，严格限制住宅建筑的高度，以3层建筑为主。吴良镛团队经过大量周密的计算，设定新建筑南北向3层楼、东西两边2层楼。为什么东西向和南北向楼层会有高度差异呢？因为冬季太阳直射南半球，而地处北半球的北京太阳高度比夏季要低。当太阳光直射南回归线时，我国北方正值二十四节气中的冬至，此时北京的正午太阳高度角为26°36′，达到全年最小值。通过设定楼层高度差异，确保即使在一年中太阳高度最低的时候，底层的窗台也能够接收到阳光。

第三，住宅建筑采用淡雅灰白色调。新四合院通过采用大屋顶、灰瓦白墙、十字地面、基座处理以及细节设计等细腻的手法，实现了与周边四合院的和谐统一。从外观上看，白墙黛瓦，错落有致，呈现出一种徽派建筑风格，仿佛让人置身江南；离远了看，青黑色小瓦构成的房脊屋檐与两旁的老房子融为一体。

此外，顶层的阳光屋则展现了现代智慧和技术的结晶，与北京旧城的历史风貌实现了和谐融合。这种设计不仅为居民环境注入了新的生活气息，还成功传承了传统的历史文化，展现出丰富的文化内涵。

第四，在改建过程中，吴良镛先生保持了原有的棋盘式道路网格和街道胡同系统，继承并发展了四合院住宅的传统特征。他通过增加庭院的进深来突出"进"的概念，并在院落的形态上

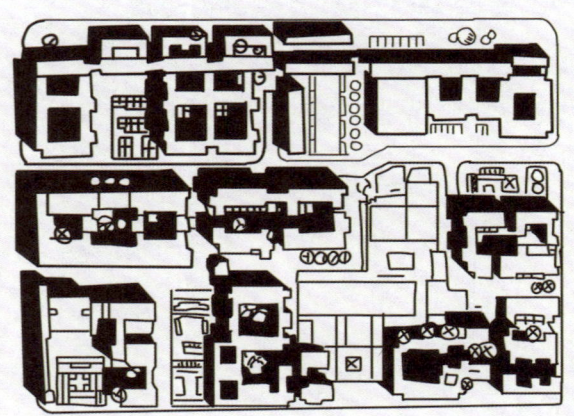

菊儿胡同通道

进行了创新。胡同的设计巧妙融合了南方住宅的"里弄"和北京的"鱼骨式"胡同特点，以信道为骨架组织结构，形成了多个南北向的"进院"，以及东西向的多样"跨院"。

一些地方通过在传统厢房的位置建造过街楼，从而连接两个庭院，使整个建筑群的交通更加便利。这种设计突破了北京传统四合院的全封闭结构。两条南北信道专门开设了东西向的开口，使交通更加畅通，解决了院落之间的交通问题。

第五，楼房四角的楼梯下方做了开放式布局，整个院落空气非常流通。建筑中存在着诸多空间，如院落入口、楼梯间的门厅以及院落之间的过渡节点等，这些空间容易被忽视。然而，通过巧妙地利用就会形成自然的过渡空间，使得建筑空间的节奏更加丰富多变。这些开敞的空间节点与自然环境有机地连接，给人们带来开阔、舒畅的心理体验，同时实现了院落的生态功能。这些灵活的建筑形式形成了多样化的空间形态。

第六，重建后的院落保留了原有的两棵古树，它们在设计中被充分考虑和利用，成了整个院落设计的亮点之一。结合新增的绿化和建筑小品，新的院落形成了一个宜人的"户外公共客厅"，为居民提供了休闲、交流的场所，增添了生活的乐趣。这种设计不仅成功保留了历史遗产，还为社区居民营造了一个舒适的生活环境，真可谓一举多得。

可以说，改造和重建后的院落既保留了原有的"胡同-院落"体系，又融合了单元楼和四合院的特点。

菊儿胡同项目既是吴良镛在规划实践上的巅峰之作，也是他学术道路上承上启下的关键之作。菊儿胡同项目在"批判的重构"方面的创举，将原有元素按照今天的生活方式重组，在建筑学和建筑史上，都具有里程碑式的意义。

1993年，菊儿胡同项目荣获联合国"世界人居奖"，这是近代以来中国建筑作品首次在国际上获得的最高荣誉。评委们称赞吴良镛在保留传统四合院特征的同时，创造了宜居环境，开创了在北京市中心进行城市更新的新模式。

《北京宪章》中提出"广义建筑学"与"人居环境"理念

建筑界的学者常常提到："凡是到过北京的人，都曾亲身品读过吴良镛的作品。"其实，何止是北京！无论你置身上海、南京这样生机勃勃的现代化大都市，还是流连于苏州、曲阜这样古典与现代气息交融的新兴之城，你都一定亲身领略过吴良镛的风采。

曲阜孔子研究院坐落在孔庙以南，山水相依，与环境浑然一体，既表现出了规整的建筑美，又表现出和谐的自然美；既有别于孔庙等礼制建筑的严肃风格，又传达出了祥和的书院文化气氛。孔子研究院的设计通过散点透视、抑扬顿挫、起承转合等，展现出了中国传统文化中含蓄的山、水、树、石、亭、台、楼、阁和人物等画卷之美。

中央美术学院新址选定在望京小区一个深约30米的窑坑，即使填土起来之后，地基也比较软，不适合大规模建设。吴良镛另辟蹊径，大胆构想，将主要建筑集中于窑坑边缘的硬土上，通过院落、走廊等连接，形成相

曲阜孔子研究院外景

　　互联系的建筑群。建好后的学校景致让人眼前一亮：造型单纯、色彩朴实、外观大方，十分有艺术特色。

　　南京江宁织造博物馆也出自吴良镛团队的手笔，堪称南京城北的"都市盆景"。整个设计过程中，吴良镛团队经过了反复的讨论与方案比较，提出了将南京自然

中央美术学院外景

之山水作为博物馆的背景，整个博物馆建筑形成这个大山水格局下的都市盆景。主体建筑采用现代风格，比拟托盘，将传统园林层层叠叠立于其上，形成立轴山水之盆景，这也是《红楼梦》文化的缩影。主体建筑本身也是一容器，其核心部分是围绕下沉庭院中曹雪芹雕像而展开的南京康乾盛世图卷。建成后的博物馆意境独特，并显现出南京历史文化中心特有的艺术底蕴。

1999年，第二十届世界建筑师大会在北京举行，主题为"21世纪的建筑学"。这次会议的核心工作是起草《北京宣言》。吴良镛作为本次大会的负责人，接受了

南京江宁织造博物馆

这个艰巨的任务。经过无数次的修改、精简、压缩，最终，在大会召开前半年，完成了提交大会审评的《北京宣言》的初稿。国际建筑协会执行局高度赞赏了这份稿件，并将其正式命名为《北京宪章》。

知识拓展

《北京宪章》

　　作为国际建筑师协会自1948年成立以来通过的首部宪章，《北京宪章》的发布标志着"广义建筑学"与"人居环境"学说已被世界建筑师普遍接受和推崇。《北京宪章》的内容包括4个方面。首先是我们怎样认识当下这个面临巨大转折的时代；第二部分主要讲我们面临的新的挑战是什么，提到下一个世纪，我们将面临包括"大自然的报复""混乱的城市化""技术双刃剑"和"建筑魂的失色"等很多复杂的问题，需要大家作出共同的选择；在第三部分，《北京宪章》对未来建筑学进行了探讨，并明确了"广义建筑学"与"人居环境"的思想；最后一部分，《北京宪章》用中国哲学的元素来阐述世界问题，那就是"一致百虑，殊途同归"。

在近代建筑的发展史中，纲领性文献总共有3个，分别是1933年的《雅典宪章》、1977年的《马丘比丘宪章》和1999年的《北京宪章》。这也是迄今为止国际建筑师协会所通过的唯一一份宪章。由此可见，《北京宪章》在世界建筑史上的重要性。

2012年2月14日，吴良镛荣获2011年度国家最高科学技术奖。2015年1月，一颗由国家天文台在1995年发现的、国际永久编号为9221的小行星，被正式命名为"吴良镛星"，这一命名充分地肯定了吴良镛在人居科学领域作出的杰出贡献。

2011年，在清华大学城市与规划学院成立10周年之际，吴良镛挥毫写下几个苍劲有力的大字："科学求真，人文求善，艺术求美。"这也是他一生光辉的写照。他以"读万卷书，行万里路，拜万人师，谋万家居"为座右铭，始终向着美好的理想不断前进。

🧪 科学贡献

吴良镛教授是我国建筑与城市规划领域的杰出学术带头人。他用毕生精力寻求有中国特色的建筑道路，为把中国建筑学推向世界、赢得国际声誉，对科学技术发展和社会进步作出了特别重大的贡献。

在从教的70年里，向国家及地方输送了大量优秀人才，包括院士9人，全国工程勘察设计大师16人，国内外建筑学院院长、副院长（系主任）33人。

作为建筑学界的泰斗，吴良镛创立了"广义建筑学"和"人居环境科学"的理论体系，并持续践行自己关于"人居环境"的理念，将科学、人文、艺术三者融会贯通。他荣获了众多世界级奖项，在中国大地上，众多由他设计的建筑拔地而起，彰显了他的卓越贡献。

1981—1985年吴良镛主持的"北京奥林匹克建设规划研究"项目，其研究成果荣获1986年国家教委科学技术进步奖一等奖。

吴良镛的代表作《广义建筑学》丰富了传统的建筑与城市规划等学科理论。该书荣获1990年国家教委科学进步奖一等奖。

1999年，世界建筑师大会通过吴良镛教授主持撰写的《北京宪章》，这标志着广义建筑学与人居环境学说已经被世界建筑师广泛接受和推崇，并成为指导国际建筑界未来发展的重要理论纲领。

1999年，吴良镛被法国文化部授予艺术与文学骑士勋章。

2000年，吴良镛获国家首届梁思成建筑奖。

2001年，吴良镛出版了最新理论研究成果《人居环境科学导论》。

吴良镛荣获2010年度陈嘉庚科学奖技术科学奖、2011年度国家最高科学技术奖。

2018年，吴良镛荣获中共中央、国务院授予的"改革先锋"称号，获评"人居环境科学的创建者"。

谢家麟

为中国科技"加速"

科学家简介

谢家麟（1920—2016年）

国际著名加速器物理学家

"中国粒子加速器之父"

中国科学院院士

2011年度国家最高科学技术奖获得者

编号32928的小行星被命名为"谢家麟星"

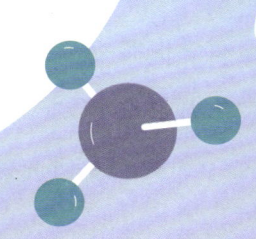

科学发现

学生时代，点燃心中科学梦

学生时代的谢家麟就对物理产生了浓厚的兴趣，而无线电便是他的一大爱好。谢家麟的动手能力很强，尤其喜欢自己动手制作各种装置。在上中学的时候，谢家麟就能自己制作短波收音机。虽然在制作过程中常常遇到困难，但谢家麟仍然乐在其中。

1938年，谢家麟入学燕京大学物理系，从此踏上了专注于物理研究的旅程。燕京大学的校训是"因真理、得自由、以服务"，后来谢家麟回忆求学经历时说，自己的人生轨迹在有意识或无意识中是按照校训这几个字来描绘的。

从燕京大学毕业后，谢家麟赴美国加州理工学院学习，在那里邂逅了他一生的兴趣——加速器。当年轻的谢家麟看到电子在加速器内做回旋运动时发出的可见光照射到实验墙上闪闪发亮时，他在内心也点亮了对这一复杂科学仪器的强烈好奇。

之后，谢家麟来到斯坦福大学攻读博士学位。斯坦福大学物理系研究课题的一个重要方向，就是电子直线加速器的研究。斯坦福大学的求学经历为谢家麟后来在高能物理特别是粒子加速器方面的研究打下了坚实的基础。

知识拓展

加速器

加速器，顾名思义，是指用于加速物体，使物体运动速度逐步提升的设备。加速器是科学研究中一个重要的"装备"，是物理学中研究"原子核"的重要工具，它加速的对象很特别，是我们肉眼看不到的"微观粒子"。

加速器是怎样给微观粒子加速的呢？我们可以把加速器想象成一个非常大的滑梯。这个滑梯可以是直线形的，也可以是环形的。当我们在滑梯的顶部放下一个小球，它会沿着滑梯轨道开始运动。我们在滑梯轨道上每隔一段距离就设置一些特殊的"推力装置"，给小球"加油"。每当小球经过这些装置时，它们就会给小球一个推力，让小球跑得更快一些。这样经过一次又一次的推动、加速，最终小球会在滑梯上越跑越快，达到很高的速度。在加速器运行的过程中，肉眼看不到的微观粒子就像这个滑梯上的小球一样被加速。加速器在微观粒子运行的路径上加设了具有特殊设计的电场设备，这些电场设备就像滑梯上的"推力装置"一样，能够在粒子通过时对其施加作用力，让粒子跑得更快。当粒子在加速器内部经历数以万次的加速之后，它们就可以达到极高的速度，从而得到"高速运动的粒子"。

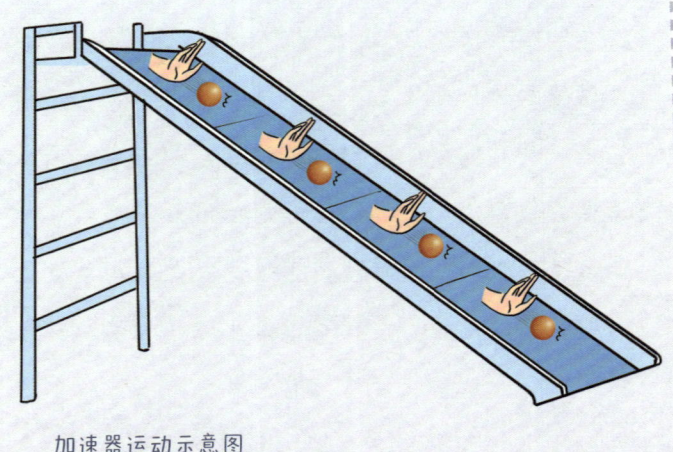

加速器运动示意图

在物理研究领域，这些高速运动的粒子可以像"子弹"一样撞击极其微小的原子核，促使科学家对原子核的内部构造进行研究，进而更好地揭示物质组成的奥秘。在医疗、材料科学和核技术等领域，粒子加速器都有它的用武之地。

首台利用高能电子束治疗癌症的医用电子加速器研发成功

1951年，谢家麟怀揣着对新中国建设的满腔热忱与深切期盼，踏上了回国的邮船，然而，在中途却遭遇了美国的阻挠。谢家麟不得不重返斯坦福大学微波与高能物理实验室，并接下了研制世界上首个"利用高能电子束治疗肿瘤的加速器"的任务。

知识拓展

高能电子束怎么治疗肿瘤呢？

利用放射性元素的"射线"照射，以消灭肿瘤细胞，是治疗癌症的一种重要手段。然而，使用射线照射肿瘤细胞的过程就像使用手电筒照射物体，尽管它能照亮目标（即肿瘤细胞），但周围的正常细胞也会受到辐射的影响。因此，放射性元素在杀死肿瘤细胞的同时，也会误伤周围的正常细胞，让病人的身体受到不必要的伤害。

相比之下，经过加速器加速的许多高速运动粒子组成的"高能电子束"就像一把有着精准射程的"激光手电筒"。它可以更精准地控制照射在肿瘤细胞上的剂量，使释放出的能量更加集中，不容易"误伤"周围正常的细胞，

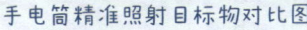

手电筒精准照射目标物对比图

从而减少了在辐照过程中肿瘤周围及后面的正常人体组织受到的损害，尽可能地减轻癌症患者的痛苦。

正是因为"高能电子束"有这样优异的性能，当时人们特别期待能用"高能电子束"代替传统的"射线"来治疗肿瘤，让癌症患者在战胜病魔的同时，减轻身体受到的额外伤害。

谢家麟在研制过程中面临的挑战不仅仅来自技术方面，还包括资金短缺、人手不够、设备缺乏等多方面。即使如此，他也从未想要放弃。他顶着压力，从零开始，一步一个脚印地进行研发工作，整个过程经历了两年。持之以恒的艰苦努力最终取得了回报，谢家麟成功制造出了世界上首台利用高能电子束治疗癌症的医用电子加速器，为更有针对性的癌症治疗开启了新的篇章。

这一历史性的成就迅速引起了当时科学界的广泛关注。一举成名的谢家麟收到了美国移民局的信函，他需要在"成为美国永久居民"和"在规定时间内离开美国"之间作出选择。谢家麟果断放弃了美国提供的丰厚待遇，毅然选择返回祖国。

我国首台30兆电子伏特电子直线加速器研制成功

回到阔别已久的祖国后，谢家麟满怀期待地想要将自己在电子直线加速器领域的研究成果奉献给这片他深爱的土地。他期望在中国开创这一全球领先的高能物理研究领域，让中国的科技发展能赶上世界前沿的步伐。

但是，此时的新中国百废待兴，科技十分落后，几乎没有可以研究高能物理的基本仪器设备。因此，研发一台加速器成了当务之急。为了祖国科技事业的长远发展，谢家麟再次彰显出他"胆子大，敢闯敢干"的特点，他顶着压力，主张建造一台30兆电子伏特电子直线加速器。

兆电子伏特

兆电子伏特（mega electron volts，MeV），是粒子物理学中用来度量粒子能量的单位。"30MeV"是一种能量的度量，它可以告诉我们电子在经过加速器加速后能达到的能量水平。谢家麟设计的"30MeV"这个度量标准，表明电子被加速至接近光速的极高速度。

知识拓展

电子直线加速器的工作原理

这样一台电子直线加速器的工作原理是什么呢？其实，跟我们前面解释的加速器的原理类似。只是它的路径是直线，而不是环形。

我们仍然可以借助玩滑梯的经历来类比理解这一过程。假设你爬上一座直线的滑梯，开始下滑。在你滑下来的每一段轨道上都有人给你一个推力，每推一次，你就会滑得更快。假设这个滑梯的滑道很长，很直，在经历了一次又一次的加速后，你将能够达到非常高的速度。

如果将谢家麟设计的电子直线加速器看作直线滑梯，一群极小极小、肉眼无法分辨的粒子，也就是"电子"，就像在滑梯上运动的你。当这些电子在加速器中做直线运动时，周围的电场就像一双无形的"手"，会在它直线行进的过程中不断地给电子一个"推"力。电子就会一次又一次地被加速，随着运动距离的延长，加速次数越多，电子就运动得更快，最终这些电子会以接近光速的速度运动。光速是目前已知宇宙中的极限速度，而接近光速运动的电子将拥有极高的能量。

当科学家用这些被加速到极高速度、具有极高能量的电子去轰击原子核或者更小的基本粒子时，会使这些目标粒子产生变化。这个过程就像你用手中的铅球去撞击远处静止的陶瓷球一样，当你用力把铅球投掷出去时，被加速的铅球就具有很高的能量，它撞击陶瓷球时，可能把陶瓷球击碎，出现很多碎片。这时你就可以观察到陶瓷球内部究竟是什么样的，这就是其中的一种变化。

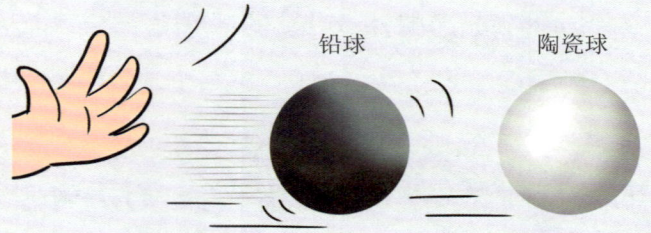

铅球　　　陶瓷球

铅球撞向静止不动的陶瓷球

在高能粒子撞击其他粒子时，高能粒子就像那个被加速的铅球，被撞击的粒子就像那个静止的陶瓷球。当这些粒子相互碰撞时，就如同铅球撞击陶瓷球一般，会产生各种"碎片"，通过检测这些"碎片"的信息，科学家们就可以了解更多关于微观粒子和物质性质的奥秘。

30MeV直线电子加速器就像一个超级强大的"加速发射器"，科学家利用它里面的电磁场可以把电子加速到很快，使其具有极高的能量，再让这些运动得很快的粒子"发射"出去，轰击原子核或更小的基本粒子。这种碰撞会引起粒子的变化，甚至产生新的粒子。通过观察这些变化和新生成的粒子，科学家能够深入地探索物质的构成和基本粒子间的相互作用，就像打开了一个通往微观世界的大门，不仅让人们更好地理解了物质是如何组成的，还揭示了自然界最基本的运动规律。

知识拓展

电子直线加速器的主要组成部分

一是被加速的电子源。这是产生我们需要加速的电子的源头。电子是由一个叫"电子枪"的装置产生的。这样看来，电子源就像一个小房间里装了许多准备出去"运动"的电子，它可以让电子以一定的速度运动到加速管中。

二是加速管，用来加速电子。它有多个中心孔的盘片，相隔一定距离置于圆形波导之中，名为"盘荷波导"。正如我们前面所比喻的滑梯直线轨道，盘荷波导中形成了一段一段的"加速空间"，它们为电子加速提供了一个理想的环境。

三是大功率速调管。就像遥控车需要电池来提供动力一样，这个速调管的作用是产生微波能量，然后把这些能量送到加速管里面去。这些微波能量就像不可见的力量，帮助电子加速。所以，速调管就是电子在加速管中加速时的"动力来源"。

制造加速器的关键技术，如微波元件和脉冲技术，是当时国际上的尖端科技。对于处于建国初期、"一穷二白"的新中国来说，这些技术简直就像"天方夜谭"，许多人甚至都没有听说过这些部件的名字。除了实验器材缺乏、技术落后之外，人才紧缺也是谢家麟面临的难题之一。当时国内几乎缺乏具备加速器及高能物理学习背景的人才队伍，加速器对许多人来说是一个陌生的领域，这使得相关研究工作的开展更加举步维艰。

历经8年的奋斗，在极端落后的科技背景下，谢家麟带领团队，凭借有限的资源，自力更生，创造了"无米之炊"的奇迹。1964年，他们终于成功研发出了我国首台30MeV的、可向高能量发展的电子直线加速器。

电子直线加速器的研制成功，就像破晓的太阳，驱散了我国高能物理研究技术领域的阴霾，填补了我国高能物理研究技术的空白。科学家使用它模拟核爆辐射环境，进行仪表的校正和电子学硬化等研究，对我国原子弹、氢弹的研发以及国防科技建设起到了至关重要的作用。

中国科技发展史上的里程碑——正负电子对撞机研发成功

虽然电子直线加速器已经可以满足对粒子进行加速的需求，并能帮助科研人员开展一些高能物理实验研究，但能代表当时世界上最先进的高能加速器技术的，是另一种加速器装置——正负电子对撞机。

知识拓展

正负电子对撞机工作原理

正负电子对撞机先进在哪里呢？

前面我们已经认识了电子直线加速器，它是通过在直线轨道上借助特殊的装置一次又一次地对电子进行加速，最终让高速运动的电子去撞击固定在一个位置上静止不动的基本粒子，通过撞击时能量的转移和转化来驱使粒子发生变化。但是，这样做有一个明显的不足之处，就是当被加速的电子撞击目标粒子时，高速粒子的能量只有一部分用于粒子间的撞击、反应，还有一部分的能量则被消耗掉了，比如有些能量会被用来把目标粒子往前推，造成能量的浪费。

你可以用两颗小球撞击来简单理解这个过程。当我们想观察陶瓷球的内部构造时，可以用一颗高速运动的铅球去撞击静止在轨道上的陶瓷球。两个球剧烈碰撞会使陶瓷球损坏并破碎，从而可以让我们看到陶瓷球的内部构造，但是同时，两个球也会因为一起朝前方运动而额外消耗能量。

高速运动的铅球撞击静止的陶瓷球

而如果我们让这两个球同时加速，并在运动路径中间的某个位置以同样的速度面对面相撞，则可以使这两个球最终停留在相撞的位置，没有明显的位置偏移。这时，它们几乎将大部分的能量都用来产生对球体的破坏或球体间的反应，从而减少了撞击后的能量损耗。

两个加速运动球迎面相撞

正负电子对撞机就是类似这样的工作原理。正负电子对撞机中有两束粒子（一束正电子，一束负电子）被加速，并面对面朝对方运动，在特定的位置发生迎面碰撞。在理想的情况下，这两束粒子停留在迎面撞击的地方，它们几乎全部的能量都会用来产生高能反应，极大地减少了能量的损耗。这种更高效的能量利用方式使得"正负电子对撞机"成为研究高能物理领域中的强大设备，是当时世界上高能加速器领域最先进科技的代表之一。

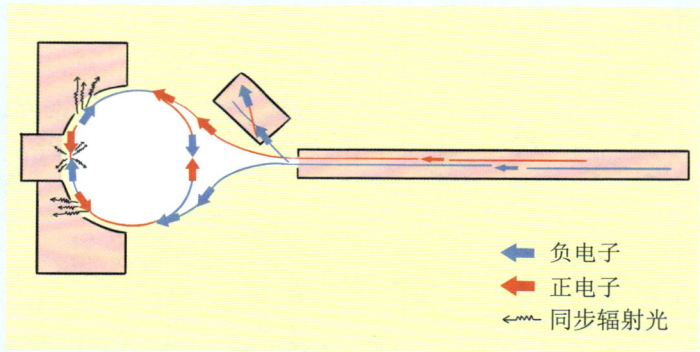

负电子
正电子
同步辐射光

正负电子对撞机布局示意图

　　先进的设备往往需要先进技术的支持。正负电子
对撞机研制的技术难度非常大，存在许多技术难题，比
如束流不稳定性、超高真空等，这些技术在国内也都是
空白的。年过花甲的谢家麟又一次体现了他作为一个科
学家不怕困难、勇于创新的精神，他提出建设"北京
正负电子对撞机（BEPC）"的大胆设想，并组织多方
研讨，据理力争，最终确定了"正负电子对撞机"的
方案。

　　面对种种担忧、质疑，谢家麟依旧坚定自己的选
择。作为北京正负电子对撞机的总设计师，谢家麟克服
重重困难，选择了符合当时中国国情的技术路线，并指
导团队完成了速调管、加速管、能量倍增器、正电子源
和高频腔等加速器关键核心技术的创新和研发工作。

北京正负电子对撞机对撞区

　　"十年磨一剑，霜刃未曾试。"1988年10月，谢家麟带领团队自主研发的北京正负电子对撞机实现了对撞，为我国开启了一扇通往高能物理实验的大门。这是中国科技发展史上一个有重要国际影响的里程碑，创造了高端仪器设备研发历史上一个投资少、质量好、水平高的建造奇迹。中国也成为世界上为数不多的可以进行高能物理实验研究的国家之一。

在人生的道路上，一个人的条件
有好差，水平有高低，成就有大小，
但不论做什么，只要持之以恒，
锲而不舍，付出一份劳动，就必将
会得到一份收获的。

谢家麟

谢家麟先生手迹

1990年，北京正负电子对撞机荣获了国家科学技术进步奖特等奖。面对荣誉，谢家麟谦虚地说："我一生最大的愿望就是做一个对国家、对人民有用的人，从未考虑过自己要取得何等成就，成为什么人物，获得多少报酬。"

谢家麟对青年一代寄予了殷切的期望，他说："生命的意义在于不断学习、探索和进取。我盼望着青年们能攀登高峰，做栋梁之材，为国家的复兴、人民的幸福作出重大的、不平凡的贡献。"

北京自由电子激光装置研发成功

在完成了"正负电子对撞机"这一突破性的研究成果后，谢家麟并未放慢他的"加速"步伐。相反，他持续关注着国际高能物理的研究动态，并致力于为祖国的高能物理发展作出更大的贡献。

1982年，美国把"自由电子激光"项目作为其"星球大战"计划中的首选战略武器研究项目之一。此时的谢家麟也敏锐地注意到了"自由电子激光"研究的重要意义，为了紧跟国际战略性高科技发展态势，掌握最新关键技术，他提出"发展中国的自由电子激光"的想法。

知识拓展

自由电子激光装置的工作原理

自由电子激光装置的工作原理不同于正负电子对撞机和电子直线加速器。它主要由3个部分组成：加速器、波荡器、光学谐振腔。

首先，"加速器"将来自电子源的电子进行加速，使其能够以接近光速的速度运动，形成一

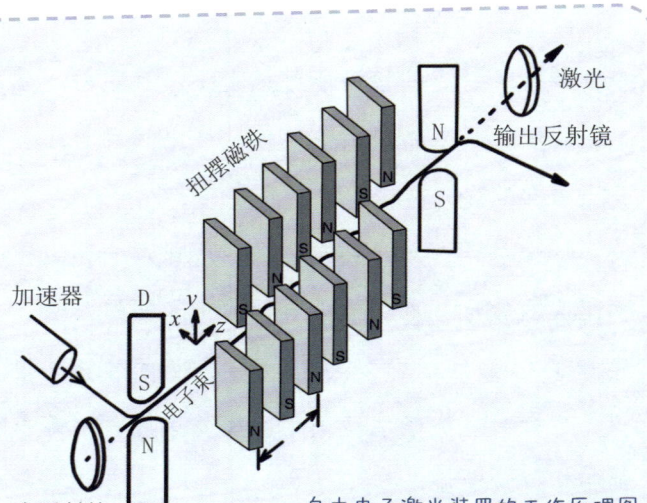

自由电子激光装置的工作原理图

个高能量的电子束。

　　当电子束进入"波荡器"时，会因为磁场的影响而做有起伏的运动。你可以想象坐过山车的过程，快速运动的你在有起有伏的轨道上运动，高速运动的电子束也是如此。在这个过程中，电子的运动方向会发生改变，而每当电子改变方向时，都会发射出光子。随着轨道起伏程度的不同，或者电子的速度不同，电子会发出不同颜色的光。

　　电子发射出的光子会进入一个叫"光学谐振腔"的地方，光学谐振腔里有两面或更多反射率极高的镜子，这些镜子能够把光子反射回去，让它们在里面反复地来回弹跳，就好比乒乓球在桌子上来回弹跳一样。

想象一下，如果你在一个四周都是墙壁的房间里大声喊话，你会听见自己的声音反弹回荡，声音似乎变得更响亮。光学谐振腔的作用也相似，它通过让光子在镜子之间反复反射，使得光的强度逐渐增强。

最终，这些不断增强的光子形成了一束非常强大的光，也就是我们说的激光。所以，光学谐振腔就像一个魔法空间，可以让光子变得超级强大！

自由电子激光装置产生的激光具有很高的亮度。当用这些激光去照射不同的物体时，科学家们可以直接观察到物质微观世界的景象，包括原子、分子甚至更小的基本粒子的行为等，是高能物理领域研究微观粒子的重要手段。

在自由电子激光装置的研制过程中，拥有优异束流品质的"加速器"是自由电子激光装置研制中最关键、规模较为庞大的组成部分。如果加速器运行良好，那么自由电子激光装置就有可能成功运行。反之，则可能导致装置无法正常工作。可以说，加速器的品质决定了自由电子激光装置研制的成败。

在研发过程中，谢家麟就遇到一个大问题——电子束流就像一群在操场上奔跑的小孩，没有秩序、不听指挥，它们会忽然停下来，又忽然开始跑，出现电子束流极不稳定、时有时无的现象。就在谢家麟毫无头绪、焦头烂额的时候，他注意到了一个细节：在真空盒内部，靠近电子轨道的位置，有一根绝缘瓷柱支撑着电极，而这个绝缘瓷柱表面有一定的电阻，如果电子击中绝缘瓷柱，可能会导致电子束流变得不稳定。

在难题面前，谢家麟没有放弃，他不断尝试，后来想出了一个聪明巧妙的办法：在不拆开真空盒的情况下，他用一个弹簧铜片从电子管道入口插到真空盒里面，把瓷柱挡住，这样就避免了散射电子打到瓷柱上。

1993年5月，北京自由电子激光装置研制成功。这是继美国、欧洲之后，亚洲第一台饱和出光的红外自由电子激光装置。自此，我国的自由电子激光研究成果在国际上也占有一席之地。

谢家麟对科研工作的兴趣和极致的爱，是他几十年如一日乐此不疲地在加速器领域辛勤耕耘的动力。他说："从事研究工作的核心动力源自浓厚的兴趣，书本知识与实际经验的结合是创新的基础，而科研的大敌则是浅尝辄止、知难而退的态度。"

🧪 科学贡献

从风华正茂到耄耋之年，谢家麟院士半个多世纪的科研生涯始终与粒子加速器领域的顶尖技术紧密相连，为我国的科技创新"加速"。他发表论文40多篇，出版了多部专著，带领团队攻克了多项重大科研工程，其中包括2项是世界首创、3项填补了国内空白的突破性成果，为我国高能物理事业从无到有，并跻身世界前列作出了卓越的贡献。诺贝尔奖获得者、华人科学家李政道称赞其为"中国加速器物理之第一人"。同时，他还获得国家最高科学技术奖。

谢家麟专业精湛，始终心系祖国的发展。他高度重视对青年人才的培养工作，为我国培养了一大批加速器技术专业人才，为我国高能物理研究工作的蓬勃发展储备了大量人才。他曾寄语青年人：人才，贵在德才兼备，其中又以德为最重要，要立志做一个正直的人，一个正派的人，一个有良好素质的人，然后才是在科技领域作出伟大的贡献，推动我国社会发展的人。

为纪念谢家麟在粒子加速器研究领域的杰出成就，国际天文联合会将一颗国际编号为32928的小行星命名为"谢家麟星"，这一命名充分彰显了谢家麟在国际物理研究领域的影响力。谢家麟严谨的科研作风，高尚的人格品德，不畏困难、不断创新，为中国科学发展奉献毕生精力的深厚爱国情怀，如苍穹中闪耀的星星，激励着更多科研工作者为祖国的发展添砖加瓦。

王小谟

打造守卫疆土的"空中之眼"

科学家简介

王小谟（1938—2023年）

中国著名雷达专家

中国现代预警机事业的开拓者和奠基人

"中国预警机之父"

中国工程院院士

2012年度国家最高科学技术奖获得者

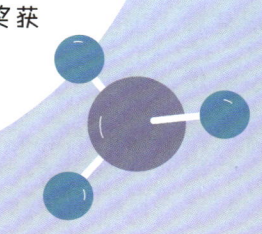

从一张白纸到繁星满天

🧪 科学发现

　　强大的国防对于维护国家安全至关重要。在我国国防建设领域中，王小谟无疑是一位卓越的先锋。他在我国雷达技术的研究及其应用上作出了巨大贡献，在提升我国空中预警系统能力方面发挥了重要作用。几十年来，王小谟带领团队成功研制出先进的雷达技术，尤其是在三坐标雷达领域实现了革命性的进步，这些技术突破推动了中国独立研制预警机的历程，让我国在电子战争和空中监视的重要技术领域达到了世界领先水平，并极大地提升了我国的国防实力和空中指挥能力。让我们一同沿着王小谟的科研足迹，感受他为国家安全贡献智慧和力量的豪迈情怀吧。

> ### 三坐标雷达、低空雷达研制成功，为我国的雷达发展添上了浓墨重彩的一笔

　　学生时代的王小谟就体现出对理科的浓厚兴趣，特别是对无线电"情有独钟"。他曾用从市场淘来的矿石、铜丝、耳机等，在课余时间制作出一台无线电矿石收音机。老师们也毫不吝啬地鼓励和支持王小谟的"研

究成果"，这让他更加坚定了自己的梦想。年幼的王小谟就曾在日记里写道"我的理想就是投身于无线电事业"！

有热爱的加持，就有无限的动力。1956年，王小谟成功考入北京工业学院的无线电工程系，正如录取通知书所写"欢迎你，未来的红色国防工程师"，在这里，王小谟如愿将兴趣逐渐发展成自己一生追求的事业。

大学毕业以后，王小谟被分配到国防部第十研究院第十四研究所工作，邂逅了他为之倾注一生心血的装备——雷达。

雷达

知识拓展

什么是雷达呢？

雷达音译自英文Radar，是radio detection and ranging（无线电探测和测距）的缩写，它是通过无线电发现目标，并测出目标的空间位置的装置。

雷达是怎么实现对目标的定位的呢？

我们可以用熟悉的回声来理解。当你在山谷中大声呼喊时，能听到声音仿佛被"弹"回来，让原本的声音得到加强，或者听到连续多次重复的声音，这就是回声。雷达的无线电波发射出去后，遇到物体，也会被"弹"回来，通过分析这些"弹"回来的无线电波，就可以获取该物体的相关位置信息。

当雷达不断发出的无线电波遇到飞机、船只等物体时，会反射回来。雷达接收这些反射回来的无线电波，通过系统测算，就可以知道物体离雷达有多远，甚至可以知道物体的大小、速度和方向。

雷达能探测的距离有的是几千米远，有的可以达到数百千米，这取决于雷达本身的性能。就

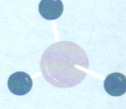

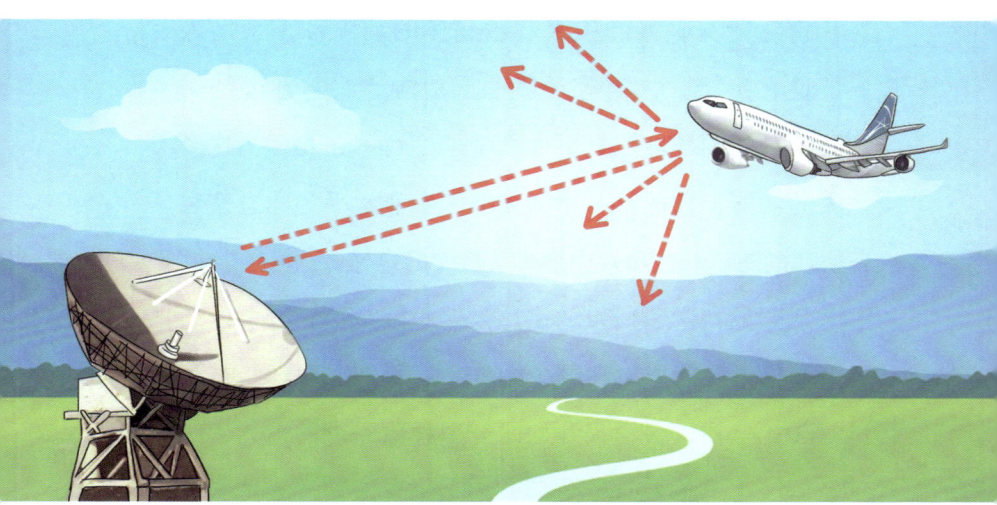

雷达工作基本原理

像你抛出去的球的远近取决于你抛球的力量，当用的力气大一点，球就飞得远一点，用的力气小一点，球就飞得近一点。雷达信号的探测距离也跟它的发射器的"力气"（科学上称为"功率"）有关。如果发射器的功率更强大，那么无线电波就能"飞"到更远的距离，而碰到物体后传回的信号也会足够强大，并且可以被雷达接收器接收到。同时，如果接收器越灵敏，接收信号的能力也就越强。

雷达能突破人的肉眼观察物体的局限性，帮助人们即使在黑暗、大雾等环境下依然能"看"到远处的物体，对周围环境能有更加准确的了解。正是因为这个强大的功能，雷达是一个国家电子工业水平的标志性装备，在国防、航空建设中都具有重要的意义。

最开始科学家研发的雷达是二坐标雷达，它可以通过测量告诉我们飞机在哪个方位和离我们有多远。在20世纪60年代初，科学家开始研究一种更先进的雷达，叫三坐标雷达。

知识拓展

三坐标雷达与二坐标雷达的区别

两者同属于雷达"大家庭"里的成员，那么三坐标雷达和二坐标雷达的区别是什么呢？

要了解它们的区别，我们得先认识什么是坐标。坐标就是一种我们用来描述一个点的空间位置的方法，就像给每个地方一个特殊的地址。二坐标雷达可以测量出物体的"距离""方位"这两个坐标，用来描述物体的空间位置，而三坐标雷达顾名思义就是比二坐标雷达多了一个"坐标"，这个增加的坐标就是物体的"高度"，即三坐标雷达可以同时测量出物体的"距离""方位""高度"3个参数，这样就可以更加精确地定位物体的位置。

在国防领空保卫中，如果我们能知道飞机或导弹等目标在哪个方向（雷达坐标之"方位角"）、距离我们有多远（雷达坐标之"距离"）以及它们在什么高度（雷达坐标之"高度角"），那么我们就能更容易在空间中发现、识别和跟踪目标，从而作出精准的决策。三坐标雷达就是一种能够同时探测出多个目标物体的3个

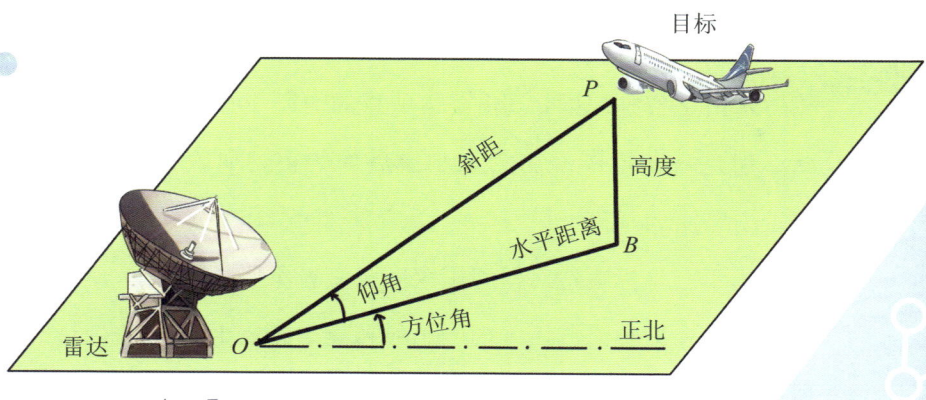

三坐标雷达

坐标的雷达，所以它是当时国家军事装备上一个比较重要的存在。

1962年，王小谟临危受命，负责研制国产583三坐标雷达。

当时国内电子工业水平整体不成熟，要在这样内无帮手、外无支援的情况下研制出雷达，可谓"难于上青天"。可参考的研发资料也少之又少，当时王小谟手头全部的资料，只有苏联专家留下的手稿，但是当时苏联自己也没能成功研制出三坐标雷达，因此资料上研制雷达的方法还需要进一步完善。

王小谟始终秉持"欲炊米，先种稻"的科研理念，坚持从基础领域突破。为了短时间内掌握英语，读懂资料，王小谟几乎用尽一切时间加紧学习，不看电影，不上街玩，每天上午起床第一件事就是背单词，就这样坚持了一年后，王小谟开始能读懂英文版数学文献了。虽然后来由于各种原因，583雷达项目的研制工作被迫中断，但这一阶段的经历为王小谟后面的雷达研究工作奠定了坚实的基础。

由于三坐标雷达对保卫国家安全有着重要的作用，1972年，在王小谟调入中国电子科技集团第三十八研究所后，他继续开展对三坐标雷达的研究，他也被任命为

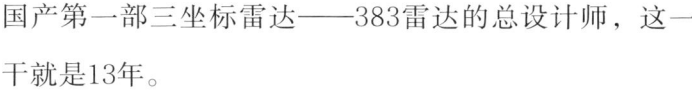

国产第一部三坐标雷达——383雷达的总设计师，这一干就是13年。

王小谟和他的团队当时面对的就是这样一个巨大的挑战，他们不只是要设计和建造一套雷达系统，还要确保这个系统能够精准地确定飞行器的位置。特别是为了测量目标物体的高度，他们绞尽脑汁，进行了大量的研究和尝试。

经过几年的不懈努力，王小谟团队终于研制出383雷达样机。然而，样机的成功研制只是"万里长征"的第一步，样机的试飞也困难重重。

1978年，王小谟团队进行了383雷达的第一次试飞测试。383雷达在某些任务中表现尚可，但仍存在一些问题。例如，他们期望雷达的探测距离能达到200千米，但在某个仰角下，雷达实际只能探测到190千米，未能达到预期标准。

这些问题就像一盆冷水浇到王小谟和他的团队头上，虽然备受打击，但他们没有放弃，努力寻找问题所在，并尝试改进雷达。

1979年11月，他们在武汉进行了第二次试飞，却依旧没有达到预期的效果。"改进，测试！再改进，再测试！"王小谟团队就这样反反复复地测试和改进，历经

3个多月，还是没有成功解决问题。

"人生关键在于坚持，坚持努力，不管干什么都会有出息。"被失败打击得垂头丧气的王小谟想起父亲经常说的这句话，重新坚定了自己的决心：不管目前有没有办法，都要咬紧牙关，干下去！

在一次测试中，王小谟在仔细检查了接收机后，有了一个突破性的发现：原来，12个接收机同时工作时，接收机之间会存在轻微的干扰。这种干扰就像你周围很多人同时在说话，很多声音叠加在一起，你可能会找不到他们讲话的重点，甚至可能完全听不清楚他们在说什么。对于雷达来说，这种互相干扰则会导致接收机灵敏度下降，从而影响雷达的探测效果。王小谟从这个偶然发现的细小问题着手，对接收机进行了仔细的调试和改进，终于成功地解决了长时间困扰他们的难题。

正是因为王小谟和团队十几年如一日的坚持和努力，才能在细微处找到解锁的钥匙，从此打开了我国研制高效且精确的三坐标雷达系统的大门。

三坐标雷达的成功研制，填补了我国三坐标雷达的空白，创造了我国雷达历史上的无数个"第一"：第一部采用了计算机的雷达、第一部实现了全集成电路的雷达……这部国防"重器"，有效地提高了我国防空作战的精准性和有效性，使中国跻身世界雷达技术的前列。

虽然三坐标雷达是当时一个国家国防力量的重要标志，然而，在军事作战中，三坐标雷达也暴露出一些不足。1987年，西德一架轻型飞机通过低空飞行，成功地躲开了雷达的监测，突破了苏联的地面雷达防空网，顺利降落在苏联的领土上，整个世界为之震惊。这个事件让科学家们认识到，对低空领域的监控是一个复杂而重要的问题，也是一道必须解决的难题。

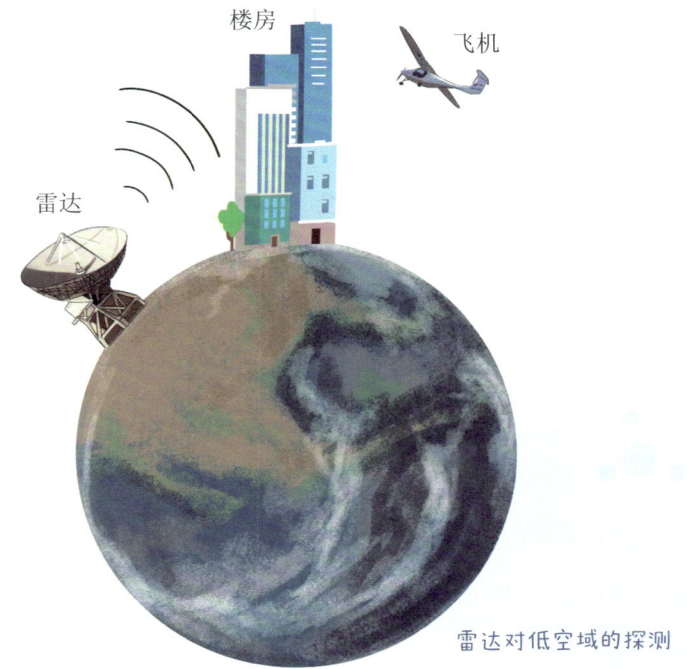

楼房

飞机

雷达

雷达对低空域的探测

　　看到这里，同学们一定有疑问了，三坐标雷达这么厉害，为什么在面对低空飞行的飞机时会有"漏网之鱼"呢？

　　其实，三坐标雷达也可以监测到飞得比较低、离地面比较近的目标，但是因为地球是个球体，表面是个曲面，还有一些其他因素比如建筑物、山脉等物体的阻挡，雷达对于低空域的探测就没有那么准确，"看"得就没那么清楚。

　　当时各国的科学家已经认识到，需要研制一种新型的低空雷达，它不仅可以找到高空的飞机，还能找到低空飞行、近地面的目标。这种雷达被设置得更低，更接近地面，并采用特殊的波束扫描技术，以便在复杂的低空环境中更好地探测目标。低空雷达就像被安排在近地面的"特殊侦察兵"，专门用来找出试图靠近地面、偷偷接近的敌人。

　　在新的挑战面前，王小谟再次勇挑重担。"经年磨砺剑锋出，一试锋芒天下惊"，王小谟带领团队在克服重重困难后研制出了中低空兼顾的微波雷达JY-9，这是一款在国际军备演习中各项指标排名前列的优秀雷达，再次为我国的雷达发展添上了浓墨重彩的一笔。

成功研制预警机，构建中国预警机事业的发展蓝图

虽然在雷达研究方面已经取得重大的成就，但王小谟并没有停下探究的步伐，当时我国防空技术的一个缺憾还一直萦绕在王小谟的心头——中国还没有自己的预警机。

预警机

预警机，又称"空中预警指挥飞机"，它是集合了"远程侦查""空中导航""空战指挥"多项功能于一体的飞机。但是它跟普通飞机长得有些不同，预警机的背部往往多了一个"大圆盘"，这是预警机的核心部件。预警机上的远程警戒雷达系统能够搜索、监控空中或海上目标，指挥并引导己方执行作战任务的飞机，扮演着空中的"千里眼"和"指挥官"的角色。

虽然地面雷达的侦察能力已经很出众了，但是由于地球是球体，表面是曲面，这种曲度还是一定程度地限制了雷达对低高度目标的检索，同时，地形或者建筑等

障碍物也会影响雷达对目标的探寻，而预警机就可以很好地解决这个问题。那预警机的工作原理是什么呢？

还是以你和小伙伴们在公园里玩捉迷藏的例子来理解。你们所在的公园非常大，小伙伴们都散开了，他们躲藏在树丛中、小山坡后面，甚至躲藏在石头的后面、斜坡的下面，而你需要在这么多的"视线障碍物"中找到他们。这时，如果你沿着公园的路走，尝试找到所有躲藏起来的小伙伴，你可能会到花坛后面看看，到小山坡下寻找，这样做将会花费大量的时间。同时，你还可能因为要查看的地点太多等原因，错过一些躲藏得比

捉迷藏

较好的小伙伴。而如果此时你有一只会飞的鹦鹉朋友，它可以在公园上空俯瞰地面，也可以灵活地飞到障碍物后面查看，然后它把发现的小伙伴们躲藏的位置信息告诉你，相信你会更加简单、更快地找到躲藏起来的小伙伴。

预警机就像这只"鹦鹉朋友"，它可以飞到空中俯瞰大地，就像"空中之眼"，视野相比地面雷达更开阔，能有效地减少地形、地面障碍物等对视线的干扰。同时，它还能够灵活飞行、移动，根据需要飞到相应的地点，为人们提供更完整、精确的信息，从而有效地帮助人们在大范围内更快地监测到目标，并及时作出反应。因此，预警机也被称为"空中司令部"，在战争中能有效地提高军队的军事作战能力，这对于保护国家安全来说非常重要。

预警机成为各国竞相开发和大力投入的优先项目，它被看作一个军事强国的"必需品"。然而，预警机的研制涉及许多尖端技术领域，是一项极具挑战性、十分复杂的工程。中国国土辽阔，仅靠地面雷达系统难以实现对整个领土进行全面监控。在现代军事技术高度发展的今天，要更有效地保卫国家主权和领土完整，预警机显得格外重要。预警机不仅能够覆盖广泛区域进行监视，确保边境安全，同时在需要时还能承担指挥作战的任务，是国防力量中的关键"利器"。

在20世纪60年代末，我国就已经尝试将轰炸机改装为预警机，把它命名为"空警1号"，后来因为技术水平薄弱，项目没有继续进行。技术限制和现实需求之间的矛盾，使得拥有预警机成为我国部队多年以来的期盼和梦想，也成了王小谟一直以来的牵挂。

20世纪80年代，王小谟积极筹划，毅然投身预警机的研制之中，立志要研制出中国人自己的预警机。

在预警机的研发计划中，王小谟还创造性地提出了一种全新的设计方案：将"大圆盘""背负式"以及"三面有源相控阵雷达"结合在一起。这是世界上首次提出融合多种雷达功能的预警机设计方案。它的特别之处在哪里呢？

首先，从外形上看，王小谟设计的预警机的背部装有一个很突出的"大圆盘"，这是预警雷达的天线罩，它就像一只"大眼睛"，在天空中四处寻找目标。由于它处于高空位置，因此具备更远的探测距离。

同时，王小谟计划在预警机的前面、左侧和右侧三个不同面上放置雷达天线，相当于有三双小眼睛同时工作，这样雷达覆盖的检测区域将会更大。

知识拓展

有源相控阵雷达

"有源相控阵雷达"则像一个敏锐的感知系统，它由许多小天线元件组成。每一个天线元件就像感知系统中的一个小感应器，它们都有各自独立的发射和接收设备，从而可以更灵活、更准确地捕捉信息。每个天线元件发送信号的时间存在差异，这里涉及一个概念，叫作"相位"。你可以将"相控阵"想象成一个大合唱团。每个人都在唱歌，但并非同时开始，而是按照指挥的节奏，在不同的时间发出声音，形成流水般流动的音乐。同样地，"相控阵"中的每个天线元件也会在不同的时间发送信号，这个时间差就是"相位"。通过改变每个天线元件的信号相位，预警机不需要转动背部的大圆盘，就可以实现对周围环境360°全覆盖的监测，从而实现了更快速地扫描，并能同时跟踪多个目标。

总的来说，这种特制的雷达系统就像飞机的"超级眼睛"，让飞机能够更有效地探察周围的环境，及时发现可能存在的威胁。

有源相控阵雷达的设计方案超越了当时世界预警机的水平，该雷达的研制难度较大。没有可供借鉴的现成经验，同时还面临着我国当时电子工业基础薄弱等问题，这让预警机的研发之路异常艰难。但是，不论遇到什么样的艰难处境，王小谟始终以自立自强的信念为精神支柱，坚持在预警机研发的一线，牵挂着预警机事业的发展，牢记着党和人民保家卫国的使命。

在研发的过程中，王小谟领导的团队也淋漓尽致地展现了他们的才华和努力。借助"同步研制预警机"时积累的研发经验，他们立足基础，着力创新，仅用了1年的时间，就成功研制了地面样机，紧接着又用了1年的时间，就把样机送上了天。前后共用了5年的时间，他们就成功研制出了预警机，打破了从样机制造到研制成功通常需要10年的预言。而后，他们又相继研发出了轻型预警机和出口型预警机。

尽管研制周期相对较短，但是王小谟在预警机的研发过程中并非一帆风顺。他们在研发的道路上经历了许多艰难与挑战，环境因素就是其中的一大考验。

在西北大戈壁的试飞现场，夏日炽热的阳光常常无情地灼烤着大地。预警机封闭的机舱内，温度往往会超过40℃，人在里面待一会儿就汗流浃背。而当冬天席卷

出口型预警机

而来，白雪覆盖大地时，温度又会骤降至$-40 \sim -30℃$，人常被冻得手脚失去知觉。除了自然环境，机器的噪声也是十分恼人的。在机舱内，强烈的噪声如同雷鸣般不断冲击着耳膜，每次离开机舱后，耳朵都会持续响铃般的耳鸣，甚至两三个小时都听不清别人说话的声音。但是，为了尽快研制出预警机，年近七旬的王小谟不辞辛劳，带着技术团队奋战在研发一线，在这样恶劣的环境下埋头苦干，常常加班到深夜，只为确保预警机的每一个细节都能尽善尽美。

然而，在预警机试飞的关键阶段，王小谟却意外遭遇了车祸，导致腿骨骨折。更糟糕的是，王小谟被确诊患上了淋巴癌。这突如其来的变故给王小谟带来了沉重的打击，但他并未被击垮。因为王小谟放不下心中牵挂的预警机事业，他很快就振作起来。为了既能保证治疗，又能挤出时间继续研究预警机，王小谟一边躺在病床上输液，一边把设计师请来医院面对面地探讨交流。不管命运发生多大的转折，身处怎样的困境，王小谟始终以积极乐观的心态对待。或许正是这种骨子里的坚强与无畏的勇敢，王小谟最终战胜病魔，成功返回了他心心念念的预警机研发一线。

2004年12月12日，王小谟团队研制的世界最先进的三面阵有源相控阵体制空警-2000预警机全状态首飞成功。王小谟和他的团队用自己的智慧、辛劳和自强不息的精神，攻克了预警机研制过程中的一个个难关。在短短几年时间内，他们完成了西方国家十几年的研发历程，最终实现了我国自主研发的预警机在祖国蓝天自由飞翔的壮举。

空警-2000预警机

空警-2000预警机的研制过程中突破的关键技术超1 000项，获近30项重大发明专利。预警机的成功研制，是继"两弹一星""载人航天"工程之后，我国国防科技领域又一重大科研成果。自此，我国跻身拥有自主研发预警机能力的先进国家行列。王小谟研制的预警机在国际上享有很高的声誉，被认为是当时世界上看得最远、功能最多的先进军事装备。

2009年10月1日，在庆祝新中国成立60周年的国庆阅兵典礼上，搭载着巨大雷达圆盘的空警-2000预警机作为领航机型，精准地引领着庞大的飞机队伍从天安门广场上空飞过，这是中国预警机的首次公开亮相，也是中国预警机的一次完美的亮相。它展示了中国预警机的卓越性能，并且吸引了全世界的关注。站在阅兵台上白

庆祝新中国成立60周年阅兵仪式上的预警机

发苍苍的王小谟抑制不住心中的激动，两行热泪夺眶而出，中国人终于有了自己的预警机！

耄耋之年的王小谟依旧牵挂着预警机事业，始终不忘心中的强国梦、强军梦。王小谟说，中国梦，往大了说是国家强盛、民族复兴，在我这里，我的中国梦就是把我国的预警机发展到极致，达到世界领先的卓越水平。他坚守着"中国人一定能行"的信念，凭借着对技术研制方向的战略眼光和对预警机事业的无限热爱，精心筹划并带领团队实现我国预警机领域的零的突破，逐步描绘并构建了中国预警机事业的发展蓝图。这一系列的创新极大地提高了我国军队信息化武器装备的发展水平，增强了民族自信心、自豪感，有力地展示了我国在世界舞台上的影响力。

科学贡献

王小谟院士在国防科技路上走过了50余年的风风雨雨，这一路荆棘遍地，也繁花盛开。王小谟院士的一生成果无数，他的名字始终与中国雷达事业、预警机事业紧密联系在一起，他凭借极具前瞻性和战略性的眼光，坚持自主创新、自力更生，始终坚信"中国人一定行"！他带领团队研制出一批具备世界先进水平的雷达和预警机装备，构建了我国预警机事业发展的完整系统，包括三坐标雷达、低空雷达、空警-2000预警机、国产小型预警机等，这些成就标志着我国在国防科技建设史上创造了无数个"第一"。这一切，都与这位低调而谦和的科学家紧密相连。他倾尽全力推动我国预警机事业步入世界前列，为我国国土防空网从"防空型"向"攻防兼备型"的转变立下了不朽的功勋，并培养了大批优秀的国防科技人才，先后培养出18位中国预警机系统或雷达系统总设计师。王小谟著有《监视雷达技术》《雷达与探测》等书籍，他策划并主编的"雷达技术丛书"，被誉为雷达技术领域全面的高水平技术丛书之一。

"自力更生、创新图强、协同作战、顽强拼搏"，16个字的预警机精神，是王小谟院士的信仰，也是无数国防科技工作者为党和人民奉献的家国情怀，激励着千千万万的国防科技工作者用智慧与坚韧，谱写报效祖国的生命篇章。